金乔幼儿园 Jin Qiao Kindergarten

淄博市青少年宫金乔幼儿园

宝贝起航

亲子课程 2-3 岁

张 洁 主编

光明日报出版社

图书在版编目（CIP）数据

宝贝起航 / 张洁主编. --北京：光明日报出版社，2018.6

ISBN 978 - 7 - 5194 - 4247 - 7

Ⅰ.①宝… Ⅱ.①张… Ⅲ.①学前教育—教学参考资料 Ⅳ.①G613

中国版本图书馆 CIP 数据核字（2018）第 118168 号

宝贝起航

BAOBEI QIHANG

主　　编：张　洁

责任编辑：杨　茹　　　　　　　　　责任校对：赵鸣鸣

封面设计：中联学林　　　　　　　　责任印制：曹　净

出版发行：光明日报出版社

地　　址：北京市西城区永安路 106 号，100050

电　　话：010 - 67014267（咨询），63131930（邮购）

传　　真：010 - 67078227，67078255

网　　址：http://book.gmw.cn

E - mail：yrranyi@ sina.cn

法律顾问：北京德恒律师事务所龚柳方律师

印　　刷：三河市华东印刷有限公司

装　　订：三河市华东印刷有限公司

本书如有破损、缺页、装订错误，请与本社联系调换，电话：010 - 67019571

开　　本：170mm×240mm

字　　数：182 千字　　　　　　　　印　张：12

版　　次：2018 年 7 月第 1 版　　　　印　次：2018 年 7 月第 1 次印刷

书　　号：ISBN 978 - 7 - 5194 - 4247 - 7

定　　价：48.00 元

《宝贝起航》编委会

顾　　问：韩其东

主　　编：张　洁

编　　委：李蕾蕾　李红霜　邵玲丽

　　　　　车　玲　继文超　王宝华

照片提供：李春晓　周　菲

W文化理念
WEN HUA LI NIAN

种树培根 育人润心

办园特色：艺术引领童真梦 实践塑造真善美

办园理念：成长 发展 收获 让孩子赢在未来

团队精神：凝心聚智 成就梦想

培养目标：培养健康活泼 合作探究 诚实友善
自信快乐的 阳光花蕾

序 言

淄博市青少年宫金乔幼儿园邀请我为新编的《宝贝起航》（亲子课程2～3岁）写个序言，该书是全园教师的一项研究成果，我曾经参与过该课程的研究活动，因此想为本书做个介绍和评论。

"种树培根 育人润心"，一直是这所幼儿园秉承的教育理念，梁启超先生有言："人生百年，立于幼学。""早期教育"素来被称为"向下扎根的教育"。幼儿期是人的个性品德和行为习惯形成的初始阶段，是各种能力形成的关键时期，是健康体魄的奠基阶段。这一阶段获得的学习经验不仅影响当下，还会影响其一生的发展。从这种意义上讲，她们这种重视和加强2～3岁幼儿早期教育的做法，能为孩子今后可持续发展奠定良好的基础，体现了从教者应有的担当，也与我们团属青少年宫的教育、引导、凝聚、服务广大青少年，培养担当民族复兴大任的时代新人的定位不谋而合。

父母是创造未来的"雕塑家"，幼儿成长的"基石"是父母双手奠定的。但是受教育意识与水平所限，家长的教育作用常常无法充分发挥。于是"亲子教育"的出现就特别应景。"亲子教育"

采用现代育儿的最新理念，传播正确的育儿观，传授家庭早期教育的科学知识和方法，指导家长和孩子开展有情趣的、有实效的亲子游戏活动，使广大家长逐步接受现代育儿的科学理念，掌握现代育儿的科学方法和技巧，建立起融洽的亲子关系，促进幼儿的主动发展，为幼儿的人格完美奠定基础。

说到教育，就不得不提到课程，如果将课程比喻为"饭菜"，那编制课程的过程就是制定"食谱"。由此推演，编制课程的专业人员就是"营养师"。为了保证课程质量，幼儿园挑选了一批经验丰富，业务好、肯钻研、勤奉献，有一定理论基础并对亲子教育有强烈兴趣的骨干老师成立了亲子课程科研小组。把走专业化的亲子教育发展道路作为园所的发展目标，重视理论学习，组织教师学习相关的幼儿教育理论，明确2～3岁幼儿早期教育的总体要求，了解2～3岁幼儿的动作、认知、语言及情感和社会性发展的特点及教养内容与方法，在专家的指导下，这群"营养师们"对课程进行着孜孜不倦的探索。自2014年以来，四年的探索过程始终透着勃勃生机，这种生机源于对教育规律的遵循，对幼儿成长的尊重和对未来发展的突破。

好的课程承载着幼儿的生活方式，幼儿在这种方式中发生着与教师、家长、同伴的交往，发生着与环境中事物的相互作用，在这种生活方式中，幼儿逐渐形成了独特的人格结构。课程的编写就是一场教育旅程，虽然我们所做的努力，不能在这里全然展现，但这并不妨碍我们续写传奇。教育发展，正是因为实践工作者的存在和付出，而享有进步和强大，做优质的幼儿教育，我们一直在路上！

淄博市青少年宫主任：韩其东

2018 年 3 月 15 日

前 言

一本新鲜出炉、散发着油墨清香的亲子课程教案集，承载着我们金乔幼儿园对2～3岁幼儿教育教学活动的探索；体现了我们游戏化、生活化、经验化、情境化的课程建设理念。

这本集结着我园教师智慧与心血的优秀教案集为教师们的亲子教学提供了便利，同时也为教师们进一步深入钻研亲子教学做了资料上的准备，综合起来，它具备以下几方面优势：

一、本课程依据《3～6岁儿童学习与发展指南》《幼儿园教育指导纲要（试行）》的精神进行设计，尊重2～3岁幼儿的身心发展规律，课程设计丰富多彩，有助于吸引幼儿的注意力，提高幼儿的活动兴趣。

二、提高了教师的备课质量。规范了教师的教学活动设计，且融入了许多优秀教师的教学经验，使教师的教案质量上升到了一个新的水平。

三、规范了教师的教学行为。本教案集对教师的教学过程和幼儿的学习活动都有具体设计，符合"幼儿是学习的主体，教师是幼儿学习活动的支持者、合作者和引导者"的《纲要》精神。

参与本教案编撰的教师们几经改稿，精心打造，集所有智慧于一书，教好书，育好人，做一名求真务实的学者型教师是我们的追求。唐朝魏征《谏太宗十思疏》里说："求木之长者，必固其根本；欲流之远者，必浚其泉源；思国之安者，必积其德义。"教育这棵苍天大树，最好能在幼儿时期萌芽、扎根。教育这条奔腾不息的长河，最好能疏浚幼儿教育这一源头，我们愿竭尽所能，守望幼儿教育事业，为幼儿教育的发展贡献一份力量。

目 录
CONTENTS

目

录
CONTENTS

课程说明

我们的《宝贝起航》亲子课程，依据《3～6岁儿童学习与发展指南》《幼儿园教育指导纲要（试行）》的精神进行设计，面向2～3岁宝宝及其家长、亲子园教师。活动设计具有全面性、互动性、活动性等特点；注重互动、体验、交往、表达；注重提供生活化的操作材料，注重与幼儿园一日生活的衔接；注重与家长的有效沟通，使家长成为教育的合作伙伴，成为亲子课程的助力者。

课程以一年为一个阶段，配有40周活动。每周亲子总时长1个小时，25分钟后中场休息再进行下半场，中场休息为10分钟。

课程设计科学，以游戏为基本活动，与教具相互结合，综合健康、科学、语言、艺术、社会五大领域，有效提高宝宝各感官的发展和相互间的协调，促进宝宝认知、社会性等方面的健康发展。

课程注重动静交替，集体活动与个别活动交替，复习与新授活动交替，注重亲子互动、师幼互动、教师和家长互动、家长和家长之间的互动，提高课堂效率，满足宝宝多方面发展的需要。

我们的课程注重对宝宝日常生活能力的培养。为宝宝入园做好衔接。与此同时，关注宝宝社会性发展，为宝宝创设真实的情境，通过游戏的方式帮助宝宝直面交往中的困难，从而丰富宝宝已有的社会性交往经验。

本课程能最终呈现在大家面前，有赖于淄博市青少年宫领导的大力支持和园内老师们的辛勤付出，在此一并表示诚挚的感谢。由于时间紧，任务重，编写过程中难免有疏漏，恳请同行们批评指正。本书编写过程中引用了大量儿歌，但是由于种种原因，仍有一些著作权人未能及时取得联系，请相关著作权人与我们联系，以便支付稿酬。

一 蒙氏走线

准备：

钢琴曲《秋日私语》

目的：

能安静地进行走线活动，发展自我控制、协调能力。

玩法：

走线时，伴随着舒缓的音乐，幼儿双手叉腰，脚跟"亲亲"脚尖，在线上缓慢行走。

二 点名游戏：大家认识我

目的：

1. 愿意开口说话，并能大胆介绍自己，增强自信心和语言表达能力。
2. 体验相互间的友好情感。

玩法：

教师做自我介绍："大家好，我是 XX 老师，很高兴认识大家。"幼儿做自我介绍："大家好，我叫……"直至每个幼儿都介绍到，活动结束。

三 亲子律动：《拉大锯》

准备：

音乐《拉大锯》

目的：

1. 能随音乐有节奏地做手臂伸屈运动。
2. 感受歌曲活泼、欢快的旋律，体验与家长一起"拉大锯"的乐趣。

玩法：

拉大锯，扯大锯；姥姥家，唱大戏；（家长和幼儿面对面，手拉手，听音乐做手臂伸屈动作。）

接闺女，请女婿；（家长左手向上举高，有节奏晃动，幼儿学家长同方向做动作。）

小外孙子也要去。（家长右手向上举高，有节奏晃动，幼儿学家长同方向做动作。）

今儿搭棚，明儿挂彩；羊肉包子往上摆；（家长挠幼儿身体，如：腋下、小肚子等部位。）

不吃不吃，吃二百。（幼儿坐在家长腿上相视并拉手，家长双腿抖动。当说到"吃二百"时，家长两腿分开，幼儿开心地坐在地上。）

聪明时间：贴苹果

准备：

苹果树的图片，苹果图片。

目的：

能双手合作粘贴苹果，掌握粘贴的技能。

活动流程：

（一）开始部分

教师引导幼儿回忆苹果的形状，激发幼儿的想象。

提问：

（1）教师："你们都吃过苹果么？苹果都是什么样子的？"

（2）教师："今天老师带来了许多苹果，可是他们都找不到妈妈了，怎么办？"

（二）基本部分

1.教师示范讲解 "帮苹果宝宝找妈妈"。

从托盘中找到苹果宝宝，在苹果宝宝的身上涂上少量的胶，然后粘贴到大树妈妈的身上。直到苹果宝宝都找到妈妈为止。

2.幼儿操作，教师巡回指导。

（1）幼儿操作时，指导幼儿学习使用胶棒。

（2）对个别幼儿提供帮助，鼓励幼儿与幼儿之间相互帮助。

（三）活动结束，幼儿欣赏作品。

准备：

彩虹伞、儿歌《荷花合、荷花开》、红黄蓝三色海洋球若干。

目的：

愿意参与彩虹伞游戏，锻炼空间感觉能力。

玩法：

1.《荷花合、荷花开》

幼儿坐在彩虹伞的中间，教师和家长拉住彩虹伞，根据儿歌内容向中间合伞、打开。

活动指导：

家长在荷花合时，把脸要露出来让幼儿看见，以免幼儿产生恐惧感。

附：儿歌《荷花合、荷花开》

荷花荷花开，荷花宝宝露出来；

荷花荷花合，荷花宝宝藏起来。

2.《彩虹伞上的海洋球》

老师准备海洋球，并将海洋球放置伞内，老师和幼儿跟随音乐一起抖动彩虹伞，在欢快的音乐声中海洋球抖到伞外，根据幼儿兴趣，可一起捡球循环游戏。

活动指导：

提醒家长抖伞时幅度要小，不要把海洋球抖到伞外。

六 结束部分：《再见歌》

准备：

音乐《再见歌》

目的：

知道离开时要说再见，能用挥手、拥抱等动作与好朋友告别。

附：再见歌

1=E 2/4　　　　　　　　　　　　淄博市青少年宫金乔幼儿园

```
3 2    1 2  |  3  4  5  |  4  3  2  |  3  2  1  |
小朋    友    说再见，  说再见   说再见，

3 2    1 2  |  3  4  5  |  4  3  2 3  |  1 - 1  |
小朋    友    说再见，  我们 下周  见。
```

〰️ **活 动 延 伸** 〰️

　　家长与宝宝多玩一些撕纸、折纸、粘贴类游戏，锻炼宝宝双手合作的能力，发展手部小肌肉群的动作。

第 二 周

一 蒙氏走线

准备：

钢琴曲《秋日私语》

目的：

能安静地进行走线活动，发展自我控制、协调能力。

玩法：

走线时，伴随着舒缓的音乐，幼儿双手叉腰，脚跟"亲亲"脚尖，在线上缓慢行走。

二 点名游戏：大家认识我

目的：

1.愿意开口说话，并能大胆介绍自己，增强自信心和语言表达能力。

2.体验相互间的友好情感。

玩法：

教师做自我介绍："大家好，我是 XX 老师，很高兴认识大家。"幼儿做自我介绍："大家好，我叫……"直至每个幼儿都介绍到，活动结束。

三 聪明时间：拼拼小动物

准备：

小猫、小狗、青蛙的图片各一张，小猫、小狗、青蛙的拼图每人一份。

目的：

1.认识小猫、小狗、青蛙的外形特征，初步了解拼图游戏。

2.喜欢玩动物拼图游戏，体验动物拼图组合变化的乐趣。

玩法：

认识小猫、小狗、青蛙的外形特征，能够根据小动物的局部特征把2-3块图片组合成一幅完整的动物图片。

四　亲子音乐游戏：《吹泡泡》

准备：

音乐《吹泡泡》

目的：

愿意与家长配合做"吹泡泡"游戏，体验一起游戏的快乐。

玩法：

听音乐，根据歌词内容和老师做动作，当唱到"跟着泡泡飞上天"时，家长把幼儿举高并在空中转2-3圈，音乐结束时，轻轻把幼儿放于原地，听音乐继续游戏。

五　探险时间：会飞的泡泡

准备：

音乐《追泡泡》、泡泡水

目的：

1. 愿意参与追泡泡游戏，提高身体动作的灵活性和协调性。
2. 体验与同伴一起抓泡泡的乐趣。

玩法：

教师四散吹泡泡，鼓励幼儿用踮脚、蹲起、跳等动作抓泡泡。

准备：

音乐《再见歌》

目的：

知道离开时要说再见，能用挥手、拥抱等动作与好朋友告别。

附：再见歌

1=E 2/4　　　　　　　　　　　　　　　　　淄博市青少年宫金乔幼儿园

```
3  2    1  2  | 3  4  5 | 4  3  2 | 3  2  1 |
小朋    友      说 再 见， 说 再 见  说 再 见，

3  2    1  2  | 3  4  5 | 4  3  2  3 | 1 - 1 |
小朋    友      说 再 见， 我 们 下 周    见。
```

活 动 延 伸

　　把宝宝平时比较感兴趣的小动物或小汽车等物品做成各种拼图，鼓励宝宝自己动手拼摆，体验拼图组合后的成就感。

第 三 周

一 蒙氏走线

准备:

钢琴曲《秋日私语》

目的:

能安静地进行走线活动,发展自我控制、协调能力。

玩法:

走线时,伴随着舒缓的音乐,幼儿双手叉腰,脚跟"亲亲"脚尖,在线上缓慢行走。

二 点名游戏:大家认识我

目的:

1.愿意开口说话,并能大胆介绍自己,增强自信心和语言表达能力。

2. 体验相互间的友好情感。

🐝 玩法：

教师做自我介绍："大家好，我是 XX 老师，很高兴认识大家。"
幼儿做自我介绍："大家好，我叫……"直至每个幼儿都介绍到，活动
结束。

三 手指谣：《小豆芽》

🐝 目的：

1. 初步了解小豆芽的生长过程。
2. 学做"小豆芽"手指谣，锻炼手脑协调能力。

🐝 玩法：

小豆芽，钻泥巴；（右手食指顶住左手掌心。）
钻一下，（右手在掌下转动。）
动一下。（左手手指抖动。）
钻呀钻呀钻呀，（右手食指转动。）
动呀动呀动呀；（左手手指抖动。）
开花花，（双手做开花状）
结瓜瓜。（双手交叉在胸前做抱瓜状）

四 聪明时间：图形找家

🐝 准备：

大小不同的圆形、三角形、正方形若干，有底板的画纸、固体胶每人一份。

目的：

1.初步认识圆形、三角形、正方形。

2.能把图形粘贴到正确位置，锻炼手眼协调能力。

3.体验图形游戏带来的乐趣。

活动流程：

1.幼儿观察圆形、三角形、正方形的外形特征。

圆形：像一个大大圆圆的太阳，圆圆的，没有角。

三角形：有三个尖尖的角。

正方形：像小手帕一样，四四方方的，有四个角。

2. 帮图形宝宝找到合适的家。

把图形粘贴到正确位置。

五 探险时间：蚂蚁搬豆

准备：

海洋球若干，音乐，每个家庭一个盒子。

目的：

1.练习手膝着地向前爬，提高动作的灵活性和协调性。

2.喜欢参与游戏活动，感受与家长一起游戏的快乐。

玩法：

海洋球散放在地上，家长背起玩具盒与幼儿一起爬行去捡海洋球，幼儿捡起海洋球放到家长背上的玩具盒中，捡到最多的家庭为胜。

六 结束部分：《再见歌》

准备：

音乐《再见歌》

目的：

知道离开时要说再见，能用挥手、拥抱等动作与好朋友告别。

附：再见歌

1=E 2/4   淄博市青少年宫金乔幼儿园

3 2　1 2 | 3 4 5 | 4 3 2 | 3 2 1 |
小朋　友　　说再见，说再见　说再见，

3 2　1 2 | 3 4 5 | 4 3 2 3 | 1 - 1 |
小朋　友　　说再见，我们 下周　见。

活 动 延 伸

家长和宝宝一起找一找，家中哪些物品是圆形、三角形、正方形的？进一步巩固对图形的认识。

第四周

一 蒙氏走线

准备：

钢琴曲《秋日私语》

目的：

能安静地进行走线活动，发展自我控制、协调能力。

玩法：

走线时，伴随着舒缓的音乐，幼儿双手叉腰，脚跟"亲亲"脚尖，在线上缓慢行走。

二 点名游戏：大家认识我

目的：

1.愿意开口说话，并能大胆介绍自己，增强自信心和语言表达能力。

2. 体验相互间的友好情感。

玩法：

教师做自我介绍："大家好，我是 XX 老师，很高兴认识大家。"
幼儿做自我介绍："大家好，我叫……"直至每个幼儿都介绍到，活动
结束。

三 聪明时间：橘子果盘

准备：

1. 活动前洗手。
2. 橘子、托盘、餐巾纸。

目的：

1. 认识橘子的形状、颜色，
能用橘瓣拼一拼、摆一摆。
2. 锻炼手眼协调能力，体验拼摆游戏带来的乐趣。

流程：

1. 儿歌导入，引发幼儿兴趣。
2. 幼儿通过摸一摸、闻一闻、看一看，认识橘子的外部特征。
3. 学习剥橘子的方法，练习剥橘子皮（找到小肚脐，抠开小口子，剥
开橘子皮）。
4. 拼摆橘子果盘并进行分享。

四 亲子韵律操：《三只小熊》

准备：

音乐伴奏：《三只小熊》

目的：

1. 能跟随老师做韵律操，锻炼身体协调能力。
2. 体验扮演小熊的乐趣。

玩法：

熊妈妈，熊妈妈，（家长与幼儿相对拉手。）

举起宝宝，转一转；（家长举起幼儿转一圈。）

弯弯腰，弯弯腰，（家长与幼儿相对弯腰。）

小熊妈妈，抱宝宝；（打开手臂抱一抱。）

抬抬腿，抬抬腿，（双手叉腰，同时听儿歌有节奏抬腿。）

妈妈宝宝，跳一跳；（双腿齐跳。）

一二一，一二一，（抬头挺胸走。）

小熊小熊，咪咪笑。（嘴角上扬，双手食指放于脸部两侧。）

五 探险时间：捕蝴蝶

准备：

长绳一根（上面挂高低不同的蝴蝶若干）、花园情景、山洞、独木桥。

目的：

乐意参与游戏活动，锻炼跑、跳的动作技能。

玩法：

幼儿从起点钻过山洞、走过独木桥跑到终点，屈膝纵跳，捕蝴蝶一只，捕到蝴蝶后跑回起点，把蝴蝶粘贴到花园里，游戏继续。

六 结束部分：《再见歌》

准备：

音乐《再见歌》

目的：

知道离开时要说再见，能用挥手、拥抱等动作与好朋友告别。

附：再见歌

1=E 2/4

淄博市青少年宫金乔幼儿园

3 2　1 2　| 3 4 5 | 4 3 2 | 3 2 1 |
小朋　友　　说再见，说再见　说再见，

3 2　1 2　| 3 4 5 | 4 3 2 3 | 1 - 1 |
小朋　友　　说再见，我们下周　见。

活 动 延 伸

　　生活中，家长和宝宝一起制作多种水果拼盘，引导宝宝认识多种水果，知道多吃水果身体棒。

第 五 周

一 蒙氏走线

准备：

钢琴曲《秋日私语》

目的：

能安静地进行走线活动，发展自我控制、协调能力。

玩法：

走线时，伴随着舒缓的音乐，幼儿双手叉腰，脚跟"亲亲"脚尖，在线上缓慢行走。

二 点名游戏：大家认识我

目的：

1.愿意开口说话，并能大胆介绍自己，增强自信心和语言表达能力。

2. 体验相互间的友好情感。

玩法：

教师做自我介绍："大家好，我是 XX 老师，很高兴认识大家。"
幼儿做自我介绍："大家好，我叫……"直至每个幼儿都介绍到，活动
结束。

三　聪明时间：好吃的西瓜

准备：

无籽西瓜底图、黑色颜料、
调色盘每人一份，棉签若干，抹布。

目的：

尝试用棉签在西瓜瓤处点画
西瓜籽，促进左右手的协调能力。

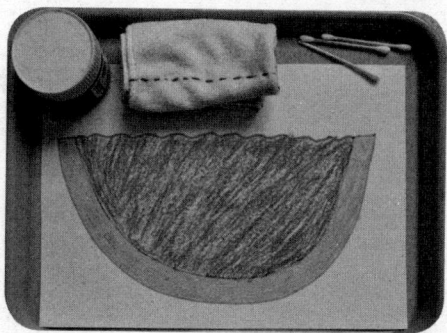

玩法：

幼儿双手同时用棉签在西瓜瓤处点画西瓜种，教师重点引导幼儿点画
时不重叠。

四　探险时间：吐吐西瓜籽

准备：

彩虹伞一顶、西瓜籽（报纸球）若干、音乐、西瓜（自制）。

目的:

1. 知道生活中西瓜籽不能乱吐,要爱护环境。
2. 乐意参与吐西瓜籽的游戏活动,锻炼视觉追踪和手眼协调能力。

玩法:

1. 音乐起,幼儿身体有节奏地左右晃动,当听到"吐籽"的声音时,幼儿一手伸出食指有节奏地向另一只手手心做"吐籽"状。

2. 音乐起,家长拉起彩虹伞轻轻抖动,幼儿表演吃西瓜,当听到"吐籽"的声音时,幼儿拿出"西瓜籽"有节奏地扔进伞内。音乐间奏时,家长大幅度抖动彩虹伞,将西瓜籽抖出伞外,教师引导幼儿捡西瓜籽,继续游戏。

五 结束部分:《再见歌》

准备:

音乐《再见歌》

目的:

知道离开时要说再见,能用挥手、拥抱等动作与好朋友告别。

附:再见歌

1=E 2/4   淄博市青少年宫金乔幼儿园

```
3  2 | 1  2 | 3 4 5 | 4 3 2 | 3 2 | 1 |
小朋   友      说再见, 说再见  说再见,

3  2 | 1  2 | 3 4 5 | 4 3 2 3 | 1 - 1 |
小朋   友      说再见, 我们  下周  见。
```

宝宝吃水果的时候，引导宝宝将水果的种子、果皮等扔进垃圾桶，从小养成爱护周围环境的好习惯。

第六周

一 蒙氏走线

准备：

钢琴曲《秋日私语》

目的：

能安静地进行走线活动，发展自我控制、协调能力。

玩法：

走线时，伴随着舒缓的音乐，幼儿双手叉腰，脚跟"亲亲"脚尖，在线上缓慢行走。

二 点名游戏：大家认识我

目的：

1.愿意开口说话，并能大胆介绍自己，增强自信心和语言表达能力。

2. 体验相互间的友好情感。

玩法：

教师做自我介绍："大家好，我是 XX 老师，很高兴认识大家。"
幼儿做自我介绍："大家好，我叫……"直至每个幼儿都介绍到，活动
结束。

三 聪明时间：印小手变脚印

准备：

蓝色水粉颜料、调色盘、画有"小兔
子家"的底图每人一份、抹布。

目的：

尝试用小手掌外侧蘸颜料印完整"脚
印"，体验拓印游戏带来的乐趣。

玩法：

小手握拳，用小手掌外侧蘸颜料，在纸上轻轻印下"脚丫"，用抹布
擦干净手，再用食指蘸颜料，按顺序点画脚趾头。从下往上，一个一个地
印"脚印"，"走"到小兔家。

四 音乐游戏：《包饺子》

准备：

1.幼儿在家中尝试和家长一起包水饺。

2.音乐《包饺子》。

目的：

1.愿意伴随音乐，和家长一起用身体做包饺子的动作。

2.喜欢参与音乐游戏，情绪愉快。

玩法：

听音乐，幼儿与家长进行包水饺游戏。

1.音乐起，幼儿、家长把自己的身体各部位当成"面团"揉揉、捏捏、搓搓。（如：脚丫脚丫揉一揉，脚丫脚丫搓一搓，脚丫脚丫捏一捏。哦，香香的水饺出锅了。）

2.家长把幼儿身体的不同部位当成"面团"，进行包水饺游戏。

五 探险时间：小推车动起来

准备：

小推车、篮子、海洋球若干。

目的：

体验和父母一起玩小推车游戏的快乐，锻炼身体动作的灵活性。

🎀 **玩法：**

幼儿与家长分为三组，幼儿手抱一个海洋球坐在小推车里，家长快速推小推车到终点处。幼儿将球放进终点的篮子里，家长再推幼儿原路返回。下一个家庭接到推车继续游戏，最快一组为胜。

六　结束部分：《再见歌》

🎀 **准备：**

音乐《再见歌》

🎀 **目的：**

知道离开时要说再见，能用挥手、拥抱等动作与好朋友告别。

附：再见歌

1=E 2/4　　　　　　　　　　　　　　　　　淄博市青少年宫金乔幼儿园

```
3 2   1 2 | 3 4 5 | 4 3 2 | 3 2   1 |
小朋   友     说再 见， 说再 见  说再 见，

3 2   1 2 | 3 4 5 | 4 3 2 3 | 1 - 1 |
小朋   友     说再 见， 我们 下周  见。
```

活 动 延 伸

回家后，家长可把宝宝拓印的作品悬挂在家中进行展示，让宝宝充分感受劳动的乐趣及成就感。

第七周

一 蒙氏走线

准备：

钢琴曲《秋日私语》

目的：

能安静地进行走线活动，发展自我控制、协调能力。

玩法：

走线时，伴随着舒缓的音乐，幼儿双手叉腰，脚跟"亲亲"脚尖，在线上缓慢行走。

二 点名游戏：大家认识我

目的：

1.愿意开口说话，并能大胆介绍自己，增强自信心和语言表达能力。

2. 体验相互间的友好情感。

玩法：

教师做自我介绍："大家好，我是 XX 老师，很高兴认识大家。"幼儿做自我介绍："大家好，我叫……"直至每个幼儿都介绍到，活动结束。

三　亲子律动：小星星

准备：

音乐《小星星》

目的：

理解歌词内容，喜欢和同伴一起唱小星星并进行表演。

玩法：

一闪一闪亮晶晶，（身体随音乐左右摆动，双臂上举，双手表演星星"一闪一闪"。）

满天都是小星星。（双手上举在空中左右摆动。）

挂在天边放光明，（身体随音乐左右摆动，双臂上举，双手表演星星"一闪一闪"。）

好像许多小眼睛。（双手在眼睛旁表演星星"一闪一闪"。）

一闪一闪亮晶晶，（身体随音乐左右摆动，双臂上举，双手表演星星"一闪一闪"。）

满天都是小星星。（双手上举在空中左右摆动。）

四　聪明时间：满天星

准备：

A3 黑色硬卡纸（贴有一轮弯弯的月亮、树、草）、用彩纸剪好大小不同的小星星若干、胶棒每人一份。

目的：

1. 学习用胶棒粘贴小星星，锻炼双手协调能力。
2. 积极参与美工活动，感受美术活动的乐趣。

玩法：

幼儿手拿一颗小星星，用胶棒在星星上轻轻地涂一涂，将小星星有胶的一面粘到黑色的天空上，幼儿粘贴完后，将幼儿的画拼合在一起变成一幅大的"星星图"请幼儿欣赏。

五　探险时间：摘星星

准备：

红、黄、蓝的小星星若干，彩虹伞，手电筒，音乐《小星星》。

目的：

1. 认识红、黄、蓝颜色。
2. 练习起跳及伸臂摘够物体。

3.体验游戏的乐趣，提高视觉追踪能力。

玩法：

1.教师把彩虹伞铺到地面上，请幼儿取出五角星并贴在彩虹伞上。粘贴完星星之后，家长共同撑起彩虹伞，教师带领幼儿躺在彩虹伞下看星星（此环节需要老师语言提醒。如：老师照在红色星星上了；老师照在黄色星星上了；老师照在蓝色星星上了，让幼儿认识颜色。）。

2.播放《小星星》的音乐，教师用手电筒把灯光照在伞上，幼儿追随亮光摘小星星，锻炼幼儿的视觉追踪。（幼儿在抓星星时，家长有意转动或者上下摆动彩虹伞，激发幼儿抓星星的愿望和兴趣，在活动中，家长要结合幼儿的表现适度的调整高度，并注意幼儿的安全。游戏结束后送给每位幼儿一颗小星星。）

（六）结束部分：《再见歌》

准备：

音乐《再见歌》

目的：

知道离开时要说再见，能用挥手、拥抱等动作与好朋友告别。

附：再见歌

$\underline{3\ 2}$ $\underline{1\ 2}$ | $\underline{3\ 4}$ 5 | $\underline{4\ 3}$ 2 | $\underline{3\ 2}$ 1 |

小朋　友　　说再见，说再见　说再见，

$\underline{3\ 2}$ $\underline{1\ 2}$ | $\underline{3\ 4}$ 5 | $\underline{4\ 3}$ $\underline{2\ 3}$ | 1 - 1 |

小朋　友　　说再见，我们下周　见。

活 · 动 · 延 · 伸

1. 家长可以搜集有关星星的绘本和宝宝一起阅读。

2. 平时，家长要主动积极的与宝宝面对面做律动，多鼓励宝宝勇于表现自己。

第八周

一 蒙氏走线

准备：

钢琴曲《秋日私语》

目的：

能安静地进行走线活动，发展自我控制、协调能力。

玩法：

走线时，伴随着舒缓的音乐，幼儿双手叉腰，脚跟"亲亲"脚尖，在线上缓慢行走。

二 点名游戏：大家认识我

目的：

1. 愿意开口说话，并能大胆介绍自己，增强自信心和语言表达能力。

2. 体验相互间的友好情感。

玩法：

教师做自我介绍："大家好，我是 XX 老师，很高兴认识大家。"幼儿做自我介绍："大家好，我叫……"直至每个幼儿都介绍到，活动结束。

三 聪明时间：喂喂猪宝宝

准备：

花生米若干，小碗一个，小猪盒子一份，小勺一把。

目的：

学习使用勺子，锻炼小手灵活性，增强自理能力。

玩法：

伸出右手的拇指、食指和中指，用左手拿起勺子，把勺柄放在右手三指上，用勺子舀起碗里的花生米喂进"小猪"的嘴巴里。做完练习后将工作放回原处。

四 音乐游戏：点豆豆

准备：

音乐《点豆豆》，人手一把小铲子。

目的：

1. 理解歌曲内容，感受歌曲的韵律。
2. 体验音乐游戏的乐趣。

玩法：

老师与幼儿听音乐有节奏地表演点豆豆。间奏时，拿小铲子表演铲地等动作。

五 探险时间：荷叶蹦蹦跳

准备：

大荷叶若干、背景音乐、太阳公公、乌云和雨滴的照片

目的：

1. 乐意学小青蛙在荷叶上跳来跳去，体验游戏的快乐。
2. 练习跳跃的动作，锻炼腿部力量。

玩法：

太阳公公出来了，小青蛙打算在荷叶上晒太阳。（幼儿从这片荷叶跳到另一片荷叶，最后选一片荷叶躺下来。）突然，乌云来了（播放"打雷"声效），开始下雨了，小青蛙快点回家躲雨了。（幼儿拿起荷叶挡雨，跳回家。）可循环游戏。

六 结束部分：《再见歌》

准备：

音乐《再见歌》

目的：

知道离开时要说再见，能用挥手、拥抱等动作与好朋友告别。

附：再见歌

1=E 2/4   淄博市青少年宫金乔幼儿园

```
3  2   1 2 | 3  4  5 | 4  3  2 | 3  2  1 |
小朋  友    说 再 见，说 再 见  说 再 见，

3  2   1 2 | 3  4  5 | 4  3  2 3 | 1 - 1 |
小朋  友    说 再 见，我 们 下 周  见。
```

活 动 延 伸

生活中，家长多鼓励宝宝自己动手吃饭，提高宝宝的生活自理能力。

第九周

一 蒙氏走线

准备：

钢琴曲《秋日私语》

目的：

能安静地进行走线活动，发展自我控制、协调能力。

玩法：

走线时，伴随着舒缓的音乐，幼儿双手叉腰，脚跟"亲亲"脚尖，在线上缓慢行走。

二 点名游戏：大家认识我

目的：

1. 愿意开口说话，并能大胆介绍自己，增强自信心和语言表达能力。
2. 体验相互间的友好情感。

玩法：

教师做自我介绍："大家好，我是 XX 老师，很高兴认识大家。"
幼儿做自我介绍："大家好，我叫……"直至每个幼儿都介绍到，活动结束。

三 绘本《好饿的小蛇》

准备：

PPT：好饿的小蛇

目标：

1.初步理解故事，感受小蛇吃各种水果后身体变形的故事情节。
2.感受故事幽默、滑稽的氛围，初步体验阅读的快乐。

活动流程：

1.出示图片，导入小蛇。
2.欣赏 PPT，猜测图片中的故事内容。
提问：
（1）幼儿猜测小蛇都吃了哪些水果。
（2）幼儿模仿小蛇吃水果的动作。
3.完整地欣赏故事。

四 聪明时间：下雨了

准备：

底图、油画棒人手一份。

目的：

尝试用油画棒画短线，促进手部肌肉的发展。

活动流程：

1. 出示材料，引起幼儿兴趣。
2. 教师示范用油画棒画短线。
3. 幼儿操作，教师巡回指导。

五　探险时间：小刺猬背果子

准备：

苹果若干，爬行垫、小刺猬头饰每人一个。

目的：

练习手膝着地爬，提高身体协调及平衡能力。

玩法：

小刺猬分组游戏，每组小刺猬从起点处爬过绿草地，来到苹果园，滚动身体，背上果子，再沿路爬回，把背上的果子摘下来放到篮子里；下一个小刺猬继续游戏，摘到最多果子的一组获胜。

活动指导：

注意提醒幼儿在滚动中避免碰撞到其他人。

六　结束部分《再见歌》

准备：

音乐《再见歌》

目的：

知道离开时要说再见，能用挥手、拥抱等动作与好朋友告别。

附：再见歌

1=E 2/4　　　　　　　　　　　　　　　淄博市青少年宫金乔幼儿园

```
3  2   1  2  | 3  4  5 | 4  3  2 | 3  2   1 |
小 朋   友      说 再 见， 说 再 见  说 再 见，

3  2   1  2  | 3  4  5 | 4  3  2  3 | 1 - 1 |
小 朋   友      说 再 见， 我 们 下 周  见。
```

活 动 延 伸

1. 家长与宝宝一起重温绘本《好饿的小蛇》，体验阅读的快乐。

2. 泡沫垫、大床等都是练习钻、爬、滚的场地。宝宝在做这些活动的时候一定要有大人照管，注意避开热水瓶、利器等不安全物品。

第十周

一 蒙氏走线

准备：

钢琴曲《秋日私语》

目的：

能安静地进行走线活动，发展自我控制、协调能力。

玩法：

走线时，伴随着舒缓的音乐，幼儿双手叉腰，脚跟"亲亲"脚尖，在线上缓慢行走。

二 点名游戏：大家认识我

目的：

1. 愿意开口说话，并能大胆介绍自己，增强自信心和语言表达能力。
2. 体验相互间的友好情感。

🧒 玩法：

教师做自我介绍："大家好，我是 XX 老师，很高兴认识大家。"幼儿做自我介绍："大家好，我叫……"直至每个幼儿都介绍到，活动结束。

三 聪明时间：各种各样的车

🧒 准备：

PPT（警车、消防车、公交车、救护车）。

🧒 目的：

认识警车、消防车、公交车、救护车，初步了解其用途。

🧒 活动流程：

1. 教师播放 PPT，引导幼儿通过听各种车辆的鸣笛声和外形特征认识公交车、警车、消防车、救护车。

2. 幼儿在教师指导下操作一体机，巩固对公交车、警车、消防车、救护车的认知，初步了解这些车辆的用途。

四 拼拼乐：拼汽车

🧒 准备：

每人一份公交车、警车、消防车、救护车拼图。

目的：

初步感知汽车拼图的组合关系，发展想象能力。

玩法：

每辆汽车分割成 2-3 张卡片，幼儿发挥想象，将分割后的卡片组合成完整的汽车。

（五）探险时间：能干的小司机

准备：

沙包、拱门、方向盘（铃圈）若干，绿色草地，音乐《去郊游》。

目的：

体验当小司机的快乐，锻炼钻、跑、跳等技能。

玩法：

1. 随音乐做热身运动。
2. 幼儿与家长手握方向盘一起开车去郊游，开过绿草地，绕过大石头，钻过小山洞。

（六）结束部分：《再见歌》

准备：

音乐《再见歌》

目的:

知道离开时要说再见，能用挥手、拥抱等动作与好朋友告别。

附：再见歌

1=E 2/4 　　　　　　　　　　　　　　　　　淄博市青少年宫金乔幼儿园

```
3 2   1 2  | 3 4 5 | 4 3 2 | 3 2  1 |
小朋  友      说再 见， 说再 见  说再  见，

3 2   1 2  | 3 4 5 | 4 3 2 3 | 1 - 1 |
小朋  友      说再 见，我 们 下 周  见。
```

活 动 延 伸

宝宝对各种交通工具非常感兴趣，生活中家长可以和宝宝认识更多的交通工具及了解他们的用途。

一 蒙氏走线

准备：

钢琴曲《秋日私语》

目的：

能安静地进行走线活动，发展自我控制、协调能力。

玩法：

走线时，伴随着舒缓的音乐，幼儿双手叉腰，脚跟"亲亲"脚尖，在线上缓慢行走。

二 点名游戏：网小鱼

准备：

1. 呼啦圈一个。
2. 儿歌《网小鱼》：小鱼小鱼水里游，摇摇尾巴点点头，网小鱼。

目的：

1. 幼儿愿意开口说话，会说"大家好，很高兴认识大家"，并说出自己的名字。
2. 体验相互间的友好情感。

玩法：

老师用呼啦圈当鱼网。老师边走边说儿歌"小鱼小鱼水里游，摇摇尾巴点点头。"当说到"网小鱼啦"，老师用"鱼网"网住一位幼儿，该幼儿站起来向大家介绍自己 "大家好，我叫 XXX，是一个漂亮的小女生或帅气的小男生，很高兴认识大家，希望大家喜欢我。"小朋友们拍手欢迎，继续游戏，直到每位幼儿都被介绍到。

三 亲子律动：两只青蛙

准备：

儿歌《两只青蛙》

目的：

1. 理解儿歌内容，与家长配合做律动，增进亲子感情。
2. 锻炼身体协调能力，发展双脚跳的技能。

玩法：

两只青蛙做游戏，（两人面对面，双手打开学青蛙跳。）
扭一扭，扭一扭；（双手叉腰左右扭屁股。）
两只青蛙真开心，（双手食指放在脸颊两侧。）
亲一亲，亲一亲；（两人互相亲一亲。）

两只青蛙真淘气，（两人面对面，双手打开学青蛙跳。）

转一转，转一转；（两人手拉手转圈。）

两只青蛙做朋友，（双手伸出大拇指。）

抱一抱，抱一抱。（两人互相抱一抱。）

四 聪明时间：小雪花

准备：

黑色卡纸（雪景）、白色纸条若干、胶棒若干、PPT、音乐《小雪花》。

目的：

1. 听音乐模仿小雪花飘落，体验游戏的乐趣。

2. 学习用食指和拇指捏住小纸条撕"小雪花"，发展肌肉动作。

活动流程：

1. 出示雪景 PPT，家长和幼儿模仿"小雪花"做游戏。

游戏：

小雪花飘呀飘，飘到了妈妈背上；

小雪花飘呀飘，飘到了地板上；

小雪花飘呀飘，飘到了窗户上；

小雪花飘呀飘，飘到了膝盖上；

……

2. 撕贴小雪花。

（1）双手大拇指和食指捏住纸条，朝相反的方向用力，就可以撕下一片"小雪花"。

（2）用胶棒将撕下的"小雪花"粘贴到背景图上。

五　探险时间：刮大风

准备：

音乐《风声》，刮大风儿歌。

目的：

乐意和家长配合做亲子游戏，锻炼身体控制能力。

玩法：

家长和幼儿面对面站好，家长边说儿歌边举起幼儿一起转动，当说到"大风来了转得快"时加快转动速度，当说到"风儿小了站得牢"时减慢速度，慢慢将幼儿放在地上，待幼儿站稳后游戏继续。

附：儿歌

刮大风

风儿来了呼呼叫，

娃娃游戏哈哈笑，

大风来了转得快，

风儿小了站得牢。

六 结束部分：《再见歌》

准备：

音乐《再见歌》

目的：

知道离开时要说再见，能用挥手、拥抱等动作与好朋友告别。

附：再见歌

1=E 2/4   淄博市青少年宫金乔幼儿园

```
3 2   1 2  | 3 4 5 | 4 3 2 | 3 2 1 |
小朋  友      说再见，说再见  说再见，

3 2   1 2  | 3 4 5 | 4 3 2 3 | 1 - 1 |
小朋  友      说再见，我们 下 周  见。
```

活 动 延 伸

家长与宝宝多进行一些亲子活动，如：模仿各种小动物（小鱼游、大象长鼻子、小乌龟慢慢爬……），不仅能锻炼身体协调能力，而且能增进亲子感情。

第十二周

一 蒙氏走线

准备：

钢琴曲《秋日私语》

目的：

能安静地进行走线活动，发展自我控制、协调能力。

玩法：

走线时，伴随着舒缓的音乐，幼儿双手叉腰，脚跟"亲亲"脚尖，在线上缓慢行走。

二 点名游戏：网小鱼

准备：

1.呼啦圈一个。

2.儿歌《网小鱼》：小鱼小鱼水里游，摇摇尾巴点点头，网小鱼。

目的:

1. 幼儿愿意开口说话，会说"大家好，很高兴认识大家"，并说出自己的名字。
2. 体验相互间的友好情感。

玩法:

老师用呼啦圈当鱼网。老师边走边说儿歌"小鱼小鱼水里游，摇摇尾巴点点头。"当说到"网小鱼啦"，老师用"鱼网"网住一位幼儿，该幼儿站起来向大家介绍自己 "大家好，我叫XXX，是一个漂亮的小女生或帅气的小男生，很高兴认识大家，希望大家喜欢我。"小朋友们拍手欢迎，继续游戏，直到每位幼儿都被介绍到。

三 韵律操：小手不见了

准备:

儿歌《小手不见了》

目的:

理解儿歌内容，能跟随老师的节奏做动作，增强节奏感。

玩法:

爸爸瞧，妈妈看，（双手背后，依次伸出左手、右手。）
宝宝的小手真好看。（双臂伸直，双手左右晃动。）
爸爸瞧，妈妈看，（双手背后，依次伸出左手、右手。）
宝宝的小手看不见。（双手藏于背后。）
爸爸瞧，妈妈看，（双手藏于背后不动。）

幼儿的小手又出现。（双手同时出现。）

（四）聪明时间：穿穿乐

准备：

积木串珠、绳子若干。

目的：

1.学会穿珠子，能够独立完成穿珠工作。
2.感受穿珠的乐趣。

玩法：

左手拿起绳子一端，右手拿珠子，绳子对准孔眼穿过去。左手食指拇指捏住珠子，右手捏住绳尖将绳子拉出来。依次进行，穿成一条项链。

（五）探险时间：船儿摇到外婆桥

目的：

1.积极参与亲子游戏，增强节奏感。
2.体验和家长一起游戏的快乐，增进亲子情感交流。

玩法：

摇啊摇，摇啊摇，（幼儿坐在家长腿上，家长与幼儿边说儿歌边随儿歌节奏左右摇摆。）

一摇摇到外婆桥。（幼儿坐在家长腿上，家长与幼儿边说儿歌边随儿歌节奏左右摇摆。）

外婆叫我好宝宝，（家长后仰躺在地上，幼儿躺在家长身上，随儿歌左右摇晃。）

我对外婆咪咪笑。（身体立起坐好，家长挠幼儿痒痒。）

六 结束部分：《再见歌》

准备：

音乐《再见歌》

目的：

知道离开时要说再见，能用挥手、拥抱等动作与好朋友告别。

附：再见歌

1=E 2/4   淄博市青少年宫金乔幼儿园

```
3  2  1  2 | 3  4  5 | 4  3  2 | 3  2  1 |
小 朋  友     说 再 见， 说 再 见  说 再 见，

3  2  1  2 | 3  4  5 | 4  3  2  3 | 1 - 1 |
小 朋  友     说 再 见， 我 们 下 周  见。
```

活 动 延 伸

准备若干彩色珠子、穿孔积木、绳子等物品，宝宝可以穿成项链或者装饰品送给好朋友，让宝宝体会成功和赠送礼物的喜悦。注意在串珠的过程中，家长一定要照看好宝宝，以免出现危险。

第十三周

一 蒙氏走线

准备：

钢琴曲《秋日私语》

目的：

能安静地进行走线活动，发展自我控制、协调能力。

玩法：

走线时，伴随着舒缓的音乐，幼儿双手叉腰，脚跟"亲亲"脚尖，在线上缓慢行走。

二 点名游戏：网小鱼

准备：

1. 呼啦圈一个。
2. 儿歌《网小鱼》：小鱼小鱼水里游，摇摇尾巴点点头，网小鱼。

目的：

1.幼儿愿意开口说话，会说"大家好，很高兴认识大家"，并说出自己的名字。

2.体验相互间的友好情感。

玩法：

老师用呼啦圈当鱼网。老师边走边说儿歌"小鱼小鱼水里游，摇摇尾巴点点头。"当说到"网小鱼啦"，老师用"鱼网"网住一位幼儿，该幼儿站起来向大家介绍自己"大家好，我叫XXX，是一个漂亮的小女生或帅气的小男生，很高兴认识大家，希望大家喜欢我。"小朋友们拍手欢迎，继续游戏，直到每位幼儿都被介绍到。

三 亲子律动：动物模仿操

准备：

儿歌《动物模仿操》

目的：

愿意学做动物模仿操，体验亲子活动的乐趣。

附：儿歌

动物模仿操

小兔小兔蹦蹦跳，

小羊小羊咩咩叫，

小狗小狗汪汪汪，

青蛙青蛙呱呱呱。

（四）聪明时间：喂喂小动物

准备：

PPT、小动物图片（小狗、小羊、小兔、小青蛙）、骨头、青草、胡萝卜、蚊子若干。

目的：

1. 能给小动物们找出相应的食物，并一一对应投放。
2. 学习简单的礼仪句子：XX请吃XX，体验给小动物吃东西的乐趣。

活动过程：

1. 认识小动物：通过PPT听辨小动物的叫声，依次导入认识小狗、小羊、小兔、小青蛙，初步了解小动物。
2. 喂喂小动物：知道小动物最喜欢吃什么，能依次把骨头、青草、胡萝卜、蚊子喂给相应小动物，喂小动物的同时会说"小狗，请吃骨头"。

（五）探险时间：好吃的食物

准备：

骨头、青草、胡萝卜、蚊子若干，绿草地，张大嘴巴的动物房子一套（小狗、小羊、小兔、小青蛙）。

1. 乐意参与游戏活动，能给小动物投放相对应的食物。
2. 体验和父母一起游戏的乐趣，增进亲子情感交流。

玩法：

幼儿趴在家长背上爬过山坡，从绿草地处找出小动物的食物，把食物投放到对应小动物的嘴巴里。家长背幼儿原路返回，下一位幼儿继续游戏，速度最快的一组获胜。

六 结束部分：《再见歌》

准备：

音乐《再见歌》

目的：

知道离开时要说再见，能用挥手、拥抱等动作与好朋友告别。

附：再见歌

1=E 2/4   淄博市青少年宫金乔幼儿园

```
3 2    1 2 | 3 4 5 | 4 3 2 | 3 2 1 |
小朋   友     说再见， 说再见  说再见，

3 2    1 2 | 3 4 5 | 4 3 2 3 | 1 - 1 |
小朋   友     说再见， 我们下周   见。
```

　　家长利用假期时间多领宝宝到动物园认识各种小动物，简单了解它们的生活习性，培养宝宝热爱小动物的情感。

第 十四 周

一 蒙氏走线

准备：

钢琴曲《秋日私语》

目的：

能安静地进行走线活动，发展自我控制、协调能力。

玩法：

走线时，伴随着舒缓的音乐，幼儿双手叉腰，脚跟"亲亲"脚尖，在线上缓慢行走。

二 点名游戏：网小鱼

准备：

1. 呼啦圈一个。
2. 儿歌《网小鱼》：小鱼小鱼水里游，摇摇尾巴点点头，网小鱼。

目的：

1.幼儿愿意开口说话，会说"大家好，很高兴认识大家"，并说出自己的名字。

2.体验相互间的友好情感。

玩法：

老师用呼啦圈当鱼网。老师边走边说儿歌"小鱼小鱼水里游，摇摇尾巴点点头。"当说到"网小鱼啦"，老师用"鱼网"网住一位幼儿，该幼儿站起来向大家介绍自己"大家好，我叫XXX，是一个漂亮的小女生或帅气的小男生，很高兴认识大家，希望大家喜欢我。"小朋友们拍手欢迎，继续游戏，直到每位幼儿都被介绍到。

三　聪明时间：小树叶找妈妈

准备：

各色颜料（红、绿、蓝），调色盘，抹布。

目的：

掌握手掌印画的方法，乐意参与拓印活动，感受合作作画的乐趣。

玩法：

五指分开，和颜色宝宝亲一亲，让手掌上的每个地方都亲到颜色宝宝，把手掌印在大树妈妈身上。小手擦干净后，蘸其他颜料继续印小树叶。幼儿共同完成手掌拓印作品。

四 亲子律动：小蝴蝶

准备：

音乐《小蝴蝶》

目的：

1.学习用简单的身体动作表现歌曲内容。
2.乐意参与韵律活动，体验与同伴共同游戏的快乐情绪。

玩法：

小蝴蝶，穿花衣。（双臂打开学小蝴蝶飞的动作。）
飞到东，（学蝴蝶往左飞。）
鸡吃你。（双手握拳，食指拇指相对学小鸡吃米。）
飞到西，（学蝴蝶往右飞。）
猫抓你。（双手学小猫抓一抓。）
飞到我的手心里，（左手打开，右手食指在手心点一点。）
说了话，（双手在嘴巴两侧打开。）
放了你。（双臂上举。）

五 探险时间：站圈圈

准备：

呼啦圈、手铃若干、音乐。

目的：

1.辨别大圈和小圈，在家长的帮助下能听口令，然后快速跑到相应位置。

2.体验亲子游戏的乐趣。

玩法：

家长与幼儿拉成一个大圆圈听儿歌做动作，如：当说到"看谁先蹲下"时家长与幼儿听口令快速蹲下；当说到"看谁先站到大圈里"时家长与幼儿快速站到大圈里。

附：儿歌
拉个圆圈走走，拉个圆圈走走，
走走走走走走走走看谁最先蹲下。
走走走走走走走走看谁先站到大（小）圈里。

六 结束部分：《再见歌》

准备：

音乐《再见歌》

目的：

知道离开时要说再见，能用挥手、拥抱等动作与好朋友告别。

附：再见歌

1=E 2/4   淄博市青少年宫金乔幼儿园

3 2 1 2 | 3 4 5 | 4 3 2 | 3 2 1 |
小朋 友   说再见， 说再见 说再见，

3 2 1 2 | 3 4 5 | 4 3 2 3 | 1 - 1 |
小朋 友   说再见， 我们下周 见。

在家可以利用多种材料（如：蔬菜根、玩具等）和宝宝进行拓印活动，体验拓印的乐趣。拓印完成后引导宝宝洗手并把材料物归原处。

（一）蒙氏走线

准备：

钢琴曲《秋日私语》

目的：

能安静地进行走线活动，发展自我控制、协调能力。

玩法：

走线时，伴随着舒缓的音乐，幼儿双手叉腰，脚跟"亲亲"脚尖，在线上缓慢行走。

（二）点名游戏：网小鱼

准备：

1. 呼啦圈一个。
2. 儿歌《网小鱼》：小鱼小鱼水里游，摇摇尾巴点点头，网小鱼。

目的：

1. 幼儿愿意开口说话，会说"大家好，很高兴认识大家"，并说出自己的名字。

2. 体验相互间的友好情感。

玩法：

老师用呼啦圈当鱼网。老师边走边说儿歌"小鱼小鱼水里游，摇摇尾巴点点头。"当说到"网小鱼啦"，老师用"鱼网"网住一位幼儿，该幼儿站起来向大家介绍自己"大家好，我叫XXX，是一个漂亮的小女生或帅气的小男生，很高兴认识大家，希望大家喜欢我。"小朋友们拍手欢迎，继续游戏，直到每位幼儿都被介绍到。

三 聪明时间：好吃的芝麻饼

准备：

彩纸、棉签、黑色颜料、图片（没有芝麻的饼干）。

目的：

1. 学习棉签点画的方法。

2. 左右手能同时进行棉签点画，发展双手协调能力。

玩法：

幼儿双手同时用棉签在芝麻饼上点画芝麻，指导幼儿要把芝麻点画在芝麻饼以内。

四　律动：好玩的丝巾

准备：

音乐《茉莉花》、丝巾、小贴画、水果垫若干。

目的：

1. 能随音乐有节奏地进行律动表演。
2. 体验音乐活动的快乐。

玩法：

1. 听音乐创编动作。如：

（1）家长与幼儿相对坐好，纱巾展开，家长双手提起纱巾，隔在家长与幼儿中间位置，听节奏，家长从不同的位置探出头看向幼儿，可做出鬼脸逗幼儿开心。

（2）纱巾可在脸、腿、臂等部位进行摩擦，刺激幼儿的触觉系统。

（3）双手随音乐节奏将纱巾握在手心，当唱到最后一句时双手打开，纱巾慢慢展开，像花朵盛开。

2. 将所有丝巾的一端系住，家长与幼儿手握丝巾另一端，随音乐节奏拉丝巾转圈走动，音乐停止时，幼儿与家长快速跳上就近的水果垫，抢到水果垫的家庭可得到相应奖励。

五　探险时间：吃蛋糕、卷麻花

准备：

彩虹伞

目的：

1. 感受吃"蛋糕"的乐趣，增强身体协调能力。
2. 练习卷麻花的动作，培养合作意识。

玩法：

1. 吃蛋糕

彩虹伞铺在地面上，家长抓住伞边说儿歌，转动彩虹伞开始游戏，当说到"加点面，加奶油，加草莓"时，彩虹伞在转动过程中会越来越高，最后说到"加巧克力"时，家长把彩虹伞举过头顶，并迅速落下，形成一个大泡泡（蛋糕），"吃蛋糕喽"！老师和幼儿一起爬上"大蛋糕"。

附儿歌：《吃蛋糕》

甜甜的蛋糕哪里来？甜甜的蛋糕做出来。

加点面，转一转；加奶油，转一转；

加点草莓更香甜；最后加点巧克力。

甜甜的蛋糕出来了。吃蛋糕喽！

2. 卷麻花

家长和幼儿一起站到伞边，念儿歌"卷，卷，卷麻花，卷成一个小麻花"，一起往中间卷，感受彩虹伞由大变小的过程。

六 结束部分：《再见歌》

准备：

音乐《再见歌》

目的：

知道离开时要说再见，能用挥手、拥抱等动作与好朋友告别。

附：再见歌

1=E 2/4   淄博市青少年宫金乔幼儿园

3 2 　 1 2 ｜ 3 4 5 ｜ 4 3 2 ｜ 3 2 1 ｜
小朋　友　　　说再见，说再见　说再见，

3 2 　 1 2 ｜ 3 4 5 ｜ 4 3 2 3 ｜ 1 - 1 ｜
小朋　友　　　说再见，我们下周　见。

活 动 延 伸

家长可以把平时带的各种颜色的丝巾和宝宝一起分享，巩固认识颜色，并听音乐做简单动作，增强宝宝的节奏感。

第 十六 周

一　蒙氏走线

准备：

钢琴曲《秋日私语》

目的：

能安静地进行走线活动，发展自我控制、协调能力。

玩法：

走线时，伴随着舒缓的音乐，幼儿双手叉腰，脚跟"亲亲"脚尖，在线上缓慢行走。

二　点名游戏：网小鱼

准备：

1. 呼啦圈一个。
2. 儿歌《网小鱼》：小鱼小鱼水里游，摇摇尾巴点点头，网小鱼。

目的：

1. 幼儿愿意开口说话，会说"大家好，很高兴认识大家"，并说出自己的名字。

2. 体验相互间的友好情感。

玩法：

老师用呼啦圈当鱼网。老师边走边说儿歌"小鱼小鱼水里游，摇摇尾巴点点头。"当说到"网小鱼啦"，老师用"鱼网"网住一位幼儿，该幼儿站起来向大家介绍自己 "大家好，我叫XXX，是一个漂亮的小女生或帅气的小男生，很高兴认识大家，希望大家喜欢我。"小朋友们拍手欢迎，继续游戏，直到每位幼儿都被介绍到。

三 亲子活动：身体韵律操《小花猫捉老鼠》

准备

理解儿歌内容，乐意与同伴一起做 "小花猫捉老鼠"的身体韵律操。

玩法：

《小花猫捉老鼠》

一只小花猫，（伸出右手食指）

喵喵喵，（双手五指打开放于脸庞两侧，学小花猫。）

看见小老鼠，（双手做 ok 状，放于眼前。）

追着到处跑。（双手握拳，小碎步跑。）

两只小花猫，（伸出右手食指、中指）

喵喵喵，（双手五指打开放于脸庞两侧，学小花猫。）

看见小老鼠，（双手做 ok 状，放于眼前。）

追着到处跑。（双手握拳，小碎步跑。）

三只小花猫，（伸出右手小指、无名指、中指）
喵喵喵，（双手五指打开放于脸庞两侧，学小花猫。）
看见小老鼠，（双手做 ok 状，放于眼前。）
追着到处跑。（双手握拳，小碎步跑。）

四　聪明时间：美工《画小虫》

准备：

画有草地底图每人一份、绿色颜料、棉签、调色盘。

目的：

1. 初步学会手指点画的方法，表现出可爱的毛毛虫。
2. 能大胆点画，培养幼儿对手指点画的兴趣。

玩法：

幼儿用食指蘸上自己喜欢的颜料，在"草地"上一个靠着一个点画毛毛虫的身体，身体可长可短，再用棉签蘸颜料，帮毛毛虫画上触角，一条条毛毛虫就出来了。

五　探险时间：捉小虫

准备：

自制小虫、贴有小青蛙的筐子、荷叶、平衡木、拱门。

目的：

1. 锻炼大肌肉动作，发展幼儿平衡能力。

2.体验游戏带来的乐趣。

玩法：

把自制的小虫子撒在平衡木和拱门之间，贴有小青蛙的筐子放在另一端，幼儿从起点跳过荷叶，走过独木桥，捉一只虫子，钻过拱门，喂喂小青蛙。幼儿喂完之后跑回起点，拍下一位小朋友的手，游戏继续进行。

（六） 结束部分：《再见歌》

准备：

音乐《再见歌》

目的：

知道离开时要说再见，能用挥手、拥抱等动作与好朋友告别。

附：再见歌

1=E 2/4   淄博市青少年宫金乔幼儿园

```
3 2   1 2 | 3 4 5 | 4 3 2 | 3 2   1 |
小朋  友      说再见， 说再见  说再见，

3 2   1 2 | 3 4 5 | 4 3 2 3 | 1 - 1 |
小朋  友      说再见， 我们 下周 见。
```

活 动 延 伸

可以变换各种小动物和宝宝做身体韵律操，让宝宝的身体变得更灵活，增强身体协调性。

第十七周

一 蒙氏走线

准备：

钢琴曲《秋日私语》

目的：

能安静地进行走线活动，发展自我控制、协调能力。

玩法：

走线时，伴随着舒缓的音乐，幼儿双手叉腰，脚跟"亲亲"脚尖，在线上缓慢行走。

二 点名游戏：网小鱼

准备：

1. 呼啦圈一个。
2. 儿歌《网小鱼》：小鱼小鱼水里游，摇摇尾巴点点头，网小鱼。

目的：

1. 幼儿愿意开口说话，会说"大家好，很高兴认识大家"，并说出自己的名字。

2. 体验相互间的友好情感。

玩法：

老师用呼啦圈当鱼网。老师边走边说儿歌"小鱼小鱼水里游，摇摇尾巴点点头。"当说到"网小鱼啦"，老师用"鱼网"网住一位幼儿，该幼儿站起来向大家介绍自己 "大家好，我叫 XXX，是一个漂亮的小女生或帅气的小男生，很高兴认识大家，希望大家喜欢我。"小朋友们拍手欢迎，继续游戏，直到每位幼儿都被介绍到。

三 手指谣：《虫虫飞》

目的：

1. 学习有节奏的朗诵《虫虫飞》。

2. 运用听说游戏的方式，感知理解儿歌内容，锻炼快速反应能力。

玩法：

虫虫虫虫飞飞，（双手食指点一点，然后分开。）

一飞飞到嘴巴上；（指嘴巴。）

虫虫虫虫飞飞，（双手食指点一点，然后分开。）

一飞飞到鼻子上；（指鼻子。）

虫虫虫虫飞飞，（双手食指点一点，然后分开。）

一飞飞到眼睛上；（指眼睛。）

虫虫虫虫飞飞，（双手食指点一点，然后分开。）

一飞飞到耳朵上；（指耳朵。）

咦！虫虫不见了。（双手背到身后藏起来。）

爸爸妈妈可以根据幼儿游戏的情况，变化身体的不同部位，如：飞到脖子上、膝盖上、脚尖上等。

四　聪明时间：漂亮的衣服

准备：

1.各种款式服装（上衣、裤子、裙子等）的纸质图样。

2.不同材料（胡萝卜、塑料模具等）制作的印章。

3.调好的水粉（彩）颜色。

目的：

1.能用印章画印花纹，装饰物品。

2.不乱抹颜色。

活动流程：

1.变魔术，引起宝宝兴趣。教师出示空白的上衣图样，"老师会变魔术哦！变变变——"把空白上衣翻过来变成一个有花纹的漂亮衣服，引起幼儿兴趣。

2.教师示范讲解。把小裙子铺在桌上，拿一个印章蘸一点儿颜色，稍稍用劲印在小裙子上。然后让幼儿自己印一印，提醒幼儿尽量把花纹印满，并可以自由更换印章印花纹。

3.进行作品展示。待衣服颜色稍干一些，幼儿在教师帮助下用夹子将衣服夹在绳子上晾一晾。

五　探险时间：灰太狼来了

准备：

彩虹伞一顶。

目的：

喜欢玩灰太狼游戏，能听口令做出反应，锻炼幼儿快速反应能力。

玩法：

家长手握彩虹伞跟着儿歌节奏上下抖伞，"小动物们"在彩虹伞下自由玩耍，当"灰太狼"来时，幼儿快速从伞下跑出。

附：儿歌

小动物走路

小兔子走路跳呀跳，（双手食指中指竖起，放于头顶两侧。）

小鸭子走路摇呀摇。（两手臂放于身体两侧，双手伸平。）

小花猫走路静悄悄，（双手五指分开，放在脸颊两侧。）

灰太狼来了快快逃。（幼儿快速从伞下跑出。）

六　结束部分：《再见歌》

准备：

音乐《再见歌》

目的：

知道离开时要说再见，能用挥手、拥抱等动作与好朋友告别。

附：再见歌

1=E 2/4　　　　　　　　　　　　　　　　淄博市青少年宫金乔幼儿园

```
3 2  1 2 | 3 4 5 | 4 3 2 | 3 2 1 |
小朋  友    说再 见，说再 见 说再 见，

3 2  1 2 | 3 4 5 | 4 3 2 3 | 1 - 1 |
小朋  友    说再 见，我们 下周 见。
```

活 动 延 伸

在家可以用呼啦圈代替彩虹伞和宝宝一起玩"灰太狼来了"的游戏，进一步锻炼快速反应能力。

第十八周

一 蒙氏走线

准备：

钢琴曲《秋日私语》

目的：

能安静地进行走线活动，发展自我控制、协调能力。

玩法：

走线时，伴随着舒缓的音乐，幼儿双手叉腰，脚跟"亲亲"脚尖，在线上缓慢行走。

二 点名游戏：网小鱼

准备：

1. 呼啦圈一个。
2. 儿歌《网小鱼》：小鱼小鱼水里游，摇摇尾巴点点头，网小鱼。

目的：

1. 幼儿愿意开口说话，会说"大家好，很高兴认识大家"，并说出自己的名字。

2. 体验相互间的友好情感。

玩法：

老师用呼啦圈当鱼网。老师边走边说儿歌"小鱼小鱼水里游，摇摇尾巴点点头。"当说到"网小鱼啦"，老师用"鱼网"网住一位幼儿，该幼儿站起来向大家介绍自己"大家好，我叫XXX，是一个漂亮的小女生或帅气的小男生，很高兴认识大家，希望大家喜欢我。"小朋友们拍手欢迎，继续游戏，直到每位幼儿都被介绍到。

三　亲子绘本：《小兔过新年》

准备：

PPT《小兔过新年》

目的：

1. 感受过新年的气氛。

2. 学会说"XXXX 新年好"。

活动流程：

1. 活动导入：与幼儿一起演唱歌曲《新年好》。

2. 阅读绘本《小兔过新年》。

（1）教师结合 PPT 讲述故事。

（2）幼儿跟小动物相互问好，学说"XXXX 新年好"。

附故事内容：

小兔过新年

下雪了，新年到了。

小狗和小兔子一起过新年。小猫也要和小兔子一起过新年。小狗和小猫一起来到小兔子的家。小兔子不在家，她在哪里呢？

门外有一串小兔子的脚印，可是，没有看见小兔子，只看见一个雪球。

雪球转了一个身，哈，长长的耳朵，红红的眼睛，原来就是小兔子。"小狗小猫新年好！""小兔小兔新年好！"

小狗堆一个大雪狗，小猫堆一个大雪猫，小兔子堆一个大雪兔。三个好朋友，新年真快乐。

四 聪明时间：包糖果

准备：

正方形报纸、各色正方形皱纹纸。

目的：

1. 幼儿练习团、捏、拧的动作，学会包糖果。
2. 锻炼手部小手肌肉群的发展，促进手指灵活性。

活动流程：

1. 出示拧好的糖果，引起幼儿制作糖果的兴趣。
2. 教师示范制作"包糖果"。
（1）团糖果：出示正方形报纸，放在手心撮一撮，团一团，做出糖果。

（2）包糖果：幼儿选自己喜欢的颜色做糖纸，把糖果放在糖纸上，双手合作拧一拧，甜甜的糖果包好了。

3.幼儿制作糖果，教师巡回指导。

（五）探险时间：赶小羊

准备：

球门、球棍每人一根，海洋球若干。

目的：

体验和球宝宝玩游戏的快乐，锻炼身体动作的灵活性。

玩法：

两手握球棍，把散落在地上的球（小羊）赶回家。

（六）结束部分：《再见歌》

准备：

音乐《再见歌》

目的：

知道离开时要说再见，能用挥手、拥抱等动作与好朋友告别。

附：再见歌

淄博市青少年宫金乔幼儿园

1=E 2/4

```
3  2    1  2  |  3  4  5  |  4  3  2  |  3  2  1 |
小朋   友      说 再 见，  说 再 见   说 再 见，
```

```
3  2    1  2  |  3  4  5  |  4  3  2  3  |  1 - 1 |
小朋   友      说 再 见，  我 们 下 周   见。
```

活 动 延 伸

在家可以放一些关于过年的歌曲，增强过年气氛。过年走亲访友时，引导宝宝主动问好。

第 十九 周

一 蒙氏走线

准备：

钢琴曲《秋日私语》

目的：

能安静地进行走线活动，发展自我控制、协调能力。

玩法：

走线时，伴随着舒缓的音乐，幼儿双手叉腰，脚跟"亲亲"脚尖，在线上缓慢行走。

二 点名游戏：网小鱼

准备：

1. 呼啦圈一个。
2. 儿歌《网小鱼》：小鱼小鱼水里游，摇摇尾巴点点头，网小鱼。

目的：

1.幼儿愿意开口说话，会说"大家好，很高兴认识大家"，并说出自己的名字。

2.体验相互间的友好情感。

玩法：

老师用呼啦圈当鱼网。老师边走边说儿歌"小鱼小鱼水里游，摇摇尾巴点点头。"当说到"网小鱼啦"，老师用"鱼网"网住一位幼儿，该幼儿站起来向大家介绍自己"大家好，我叫XXX，是一个漂亮的小女生或帅气的小男生，很高兴认识大家，希望大家喜欢我。"小朋友们拍手欢迎，继续游戏，直到每位幼儿都被介绍到。

三 聪明时间：好看的烟花

准备：

胶棒、各种颜色的彩色纸条、黑色背景图 。

目的：

1. 学习使用胶棒，掌握粘贴烟花的方法。

2. 体验在黑色纸上作画的独特感受。

玩法：

幼儿发挥想象，用各色彩条在黑色卡纸上粘贴烟花。

四 奥尔夫音乐律动：新年好

准备：

碰铃、手铃、棒棒糖鼓、PPT（小朋友父母及朋友的图片）、音乐《新年好》

目的：

1. 初步了解奥尔夫乐器，乐于用乐器进行表演。
2. 鼓励幼儿给家人及朋友拜年，会说："XXX 新年好"。

玩法：

1. 认识奥尔夫乐器：碰铃、手铃、棒棒糖鼓。
2. 选择喜欢的乐器和老师一起表演《新年好》。
3. 欣赏 PPT，幼儿介绍 PPT 中的家人或朋友，教幼儿学说拜年祝福话，鼓励幼儿给亲人及朋友拜年。

五 探险时间：吹泡泡

目的：

能听信号做指定动作，锻炼听辨及反应能力。

玩法：

幼儿与家长手拉手围成一个大圆圈唱：吹，吹，吹泡泡，吹了一个大泡泡（手拉手转圈走），泡泡变大了（家长与幼儿往后退，变成一个大圆圈），泡泡变小了（家长与幼儿快速往中心走，变成一个小圆圈），泡泡爆炸了。（家长与幼儿把手松开的同时蹦一下，看谁蹦的高。）

准备：

音乐《再见歌》

目的：

知道离开时要说再见，能用挥手、拥抱等动作与好朋友告别。

附：再见歌

1=E 2/4　　　　　　　　　　　　　　　　淄博市青少年宫金乔幼儿园

| 3 2 | 1 2 | 3 4 5 | 4 3 2 | 3 2 | 1 |
| 小朋 | 友 | 说再见， | 说再见 | 说再 | 见， |

| 3 2 | 1 2 | 3 4 5 | 4 3 2 3 | 1 — 1 |
| 小朋 | 友 | 说再见， | 我们下周 | 见。 |

活 动 延 伸

家长和宝宝共同搜集各种材料（如：毛线、扭扭棒、纽扣等）继续制作烟花，体验制作烟花的乐趣，感受过年欢快的气氛。

一 蒙氏走线

准备：

钢琴曲《秋日私语》

目的：

能安静地进行走线活动，发展自我控制、协调能力。

玩法：

走线时，伴随着舒缓的音乐，幼儿双手叉腰，脚跟"亲亲"脚尖，在线上缓慢行走。

二 点名游戏：网小鱼

准备：

1. 呼啦圈一个。
2. 儿歌《网小鱼》：小鱼小鱼水里游，摇摇尾巴点点头，网小鱼。

目的：

1. 幼儿愿意开口说话，会说"大家好，很高兴认识大家"，并说出自己的名字。

2. 体验相互间的友好情感。

玩法：

老师用呼啦圈当鱼网。老师边走边说儿歌"小鱼小鱼水里游，摇摇尾巴点点头。"当说到"网小鱼啦"，老师用"鱼网"网住一位幼儿，该幼儿站起来向大家介绍自己"大家好，我叫XXX，是一个漂亮的小女生或帅气的小男生，很高兴认识大家，希望大家喜欢我。"小朋友们拍手欢迎，继续游戏，直到每位幼儿都被介绍到。

三　亲子律动：滚汤圆

准备：

音乐《滚汤圆》、PPT。

目的：

1. 了解元宵节的习俗，感受节日的气氛。

2. 能跟随音乐节拍做动作，体验音乐游戏的乐趣。

玩法：

1. 通过PPT，幼儿了解元宵节习俗。

2. 家长与幼儿听音乐，跟老师做"滚汤圆"的游戏。

附：儿歌

滚汤圆

滚一个大球，（双手握拳在胸前转动）

圆又圆，(手臂前伸放于胸前,双手中指、拇指相对,并留有一定的距离)

滚一个小球，（双手握拳在胸前转动）

像汤圆，（两手拇指和食指撑成一个圆）

芝麻汤圆包芝麻，（身体自转一圈）

圆又圆，（屁股左右扭动）

红豆汤圆包红豆，（身体自转一圈）

也圆圆。（屁股左右扭动）

（四）聪明时间：包汤圆

准备：

小块皱纹纸若干、太空泥若干。

目的：

1. 能运用团圆、压、捏等技能制作汤圆。

2. 体验动手制作的快乐。

玩法：

1. 做"馅"：双手合作把小块皱纹纸捏成一团，再放在手心团圆，香香的汤圆"馅"做好了。

2. 做"皮"：取小块太空泥放在手心团一团，压一压，压成饼状即可。

3. 包汤圆：皮放于手心，馅放在皮的中间位置，先把四周捏住，再放在手心团圆。

五　探险时间：拖小猪

准备：

条幅、水果、水果篮、障碍物。

目的：

1. 喜欢参与"拖小猪"游戏，提高身体的协调能力。
2. 体验亲子游戏的快乐。

玩法：

分组比赛，幼儿扮"小猪"坐在小车上（条幅），双手抓紧车把手，"猪妈妈"拖着"小猪"绕过障碍物，到终点摘水果，摘到后即刻返回，把水果放到篮子里，下一位"小猪"继续游戏，水果摘的最多或最快者为胜。

活动指导：

提醒家长拖横幅时力量均匀，注意幼儿的安全。

六　结束部分：《再见歌》

准备：

音乐《再见歌》

目的：

知道离开时要说再见，能用挥手、拥抱等动作与好朋友告别。

附：再见歌

1=E 2/4   淄博市青少年宫金乔幼儿园

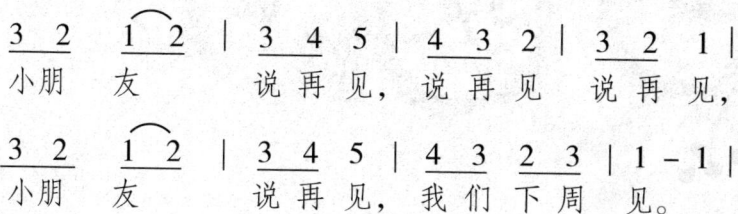

3 2   1͡2 | 3 4 5 | 4 3 2 | 3 2   1 |
小朋 友   说再 见，说再 见 说再 见，

3 2   1͡2 | 3 4 5 | 4 3 2 3 | 1 - 1 |
小朋 友   说再 见，我们 下周 见。

活 动 延 伸

宝宝在家中运用团圆、压、捏等技能制作汤圆，体验动手制作的快乐。

第 二十一 周

一 蒙氏走线

准备：

钢琴曲《月光》

目的：

发展自我控制、协调能力，提高专注力。

玩法：

走线时，伴随着舒缓的音乐，幼儿双手叉腰，让脚跟"亲上"脚尖，在线上缓慢行走。

二 点名游戏：找朋友

准备：

一个皮球

目的：

1. 在游戏中引导幼儿进行自我介绍，增强幼儿的语言表达能力。
2. 体验相互间的友好情感。

玩法：

老师边说儿歌边将球滚向一名幼儿："大皮球，找朋友，咕噜咕噜找到了你。"球滚到谁的身边，谁就起身做自我介绍，介绍结束，游戏继续，直到每位幼儿都自我介绍完成。

三 手指谣：《毛毛虫》

准备：

儿歌《毛毛虫》

目的：

1. 能随儿歌手口一致做动作，锻炼手指肌肉灵活性。
2. 感受手指变毛毛虫的乐趣。

玩法：

手上有个大木桶，（左手掌弯曲成桶状。）
桶上有个盖，（右手平盖在桶上。）
盖上有个孔，（右手食指与中指稍分开。）
让我看看有什么，（眼睛往孔里看。）
原来藏着毛毛虫。（左手食指穿过孔，做蠕动状。）

四 聪明时间：插鱼鳞

准备：

小鱼、鱼鳞（红、黄、蓝三色）若干。

目的：

1. 能把鱼鳞插在鱼的身上，促进手部小肌肉群的发展。
2. 喜欢参加美工活动，感受给小鱼插鱼鳞的成就感。

玩法：

1. 巩固认识红、黄、蓝三种颜色。
2. 引导幼儿观察材料，教师示范给小鱼插鱼鳞。
3. 幼儿实践：幼儿将鱼鳞插到小鱼身体的洞洞上。
4. 幼儿分享。

五 探险时间：端碗运蛋

准备：

平衡木，塑料鸡蛋若干，碗、勺子、鸡窝、盛放鸡蛋的筐每组一份，鸡妈妈头饰一个。

目的：

尝试端着盛放鸡蛋的碗走过独木桥，发展身体平衡能力。

玩法：

鸡妈妈用勺子将蛋舀到小鸡的碗里，小鸡端蛋走过独木桥（幼儿过桥时家长可适当保护），把蛋运到对面的鸡窝里，快速跑回将碗送给下一组家庭，继续游戏。（引导幼儿手要端平，碗里的鸡蛋才不会滚落。）

六　结束部分：《再见歌》

准备：

音乐《再见歌》

目的：

知道离开时要说再见，能用挥手、拥抱等动作与好朋友告别。

附：再见歌

1=E 2/4　　　　　　　　　　　　　　　淄博市青少年宫金乔幼儿园

5 3　4 2 | 3　- | 5 3　4 2 | 3 - |
我们　挥挥　手，　　小朋　友再　见，

5 3　4 2 | 5 3 4 2 | 5 4　3 2 | 1 1　1 ||
握握　手，　抱一抱，　我们　一起　说再　见。

活 动 延 伸

1. 多给宝宝创设与小朋友接触的机会，鼓励宝宝找到更多的好朋友，学会与小朋友友好相处。

2. 生活中多准备些拼插玩具，锻炼宝宝想象力及动手能力。

一 蒙氏走线

准备：

钢琴曲《月光》

目的：

发展自我控制、协调能力，提高专注力。

玩法：

走线时，伴随着舒缓的音乐，幼儿双手叉腰，让脚跟"亲上"脚尖，在线上缓慢行走。

二 点名游戏：找朋友

准备：

一个皮球

目的：

1. 在游戏中引导幼儿进行自我介绍，增强幼儿的语言表达能力。
2. 体验相互间的友好情感。

玩法：

老师边说儿歌边将球滚向一名幼儿："大皮球，找朋友，咕噜咕噜找到了你。"球滚到谁的身边，谁就起身做自我介绍，介绍结束，游戏继续，直到每位幼儿都自我介绍完成。

三 聪明时间：认识五官

准备：

人手一套五官图片、每人一份底图（娃娃脸）、每人一面镜子。

目的：

1. 知道五官的名称及各器官的主要功能。
2. 能双手配合将五官贴到正确的位置，锻炼双手协调能力。

玩法：

1. 认识五官：
玩照镜子游戏：照照镜子，用手指出自己脸上的五官，并说出五官名称。
2. 了解五官功能和保护方法。

3.幼儿动手操作：将五官粘贴到娃娃脸的相应位置。

4.幼儿分享。

四 亲子音乐游戏：我把眼睛藏起来

准备：

音乐《我把眼睛藏起来》

目的：

巩固认识自己的五官，体验与爸爸妈妈进行游戏的快乐。

玩法：

我把眼睛藏起来，谁都看不见；（两手捂住眼睛，身体随音乐左右摆动。）

现在眼睛又出现，啦啦啦啦啦啦。（双手打开把眼睛露出来。）

我把耳朵藏起来，谁都看不见；（两手捂住耳朵，身体随音乐左右摆动。）

现在耳朵又出现，啦啦啦啦啦啦啦。（双手打开把耳朵露出来。）

我把嘴巴藏起来，谁都看不见；（两手捂住嘴巴，身体随音乐左右摆动。）

现在嘴巴又出现，啦啦啦啦啦啦。（双手打开把嘴巴露出来。）

我把小手藏起来，谁都看不见；（双手背后，身体随音乐左右摆动。）

现在小手又出现，啦啦啦啦啦啦啦。（双手打开，在身体前左右摆动。）

五　探险时间：小老鼠运西瓜

准备：

人手一套西瓜筐、小车（纸圈做成，再系上绳子）；海洋球若干，西瓜地情景。

目的：

能将球放在圈里拖着走，锻炼身体控制能力。

玩法：

幼儿从起点处拉着小车到对面的西瓜地里运西瓜，幼儿用车拉上（用圈套住）"西瓜"后拉绳向前走，如果西瓜跑出车外，请幼儿把"西瓜"放回车里，再运回到自己的西瓜筐。游戏继续，直到所有"西瓜"都运完，运回"西瓜"最多的小朋友获胜。

游戏指导

及时提醒幼儿，向前拖动小车时不要碰到别人，游戏结束请幼儿把"西瓜"送回家（筐）里。

六　结束部分：《再见歌》

准备：

音乐《再见歌》

目的：

知道离开时要说再见，能用挥手、拥抱等动作与好朋友告别。

附：再见歌

1=E 2/4

淄博市青少年宫金乔幼儿园

```
5 3   4 2 | 3 - | 5 3   4 2 | 3 - |
我们  挥挥  手,   小朋  友再  见,
5 3   4 2 | 5 3 4 2 | 5 4   3 2 | 1 1   1 ||
握握  手,   抱一抱,   我们  一起  说再  见。
```

活 动 延 伸

　　家长与宝宝一起玩"藏五官"的游戏，巩固对五官的认识与了解，增加亲子关系，体验亲子游戏的乐趣。

第 二十三 周

一 蒙氏走线

准备：

钢琴曲《月光》

目的：

发展自我控制、协调能力，提高专注力。

玩法：

走线时，伴随着舒缓的音乐，幼儿双手叉腰，让脚跟"亲上"脚尖，在线上缓慢行走。

二 点名游戏：找朋友

准备：

一个皮球

1. 在游戏中引导幼儿进行自我介绍，增强幼儿的语言表达能力。
2. 体验相互间的友好情感。

玩法：

老师边说儿歌边将球滚向一名幼儿："大皮球，找朋友，咕噜咕噜找到了你。"球滚到谁的身边，谁就起身做自我介绍，介绍结束，游戏继续，直到每位幼儿都自我介绍完成。

三　亲子律动：小猪睡觉

准备：

音乐《小猪睡觉》、小猪头饰每人一份。

目的：

1. 初步理解歌词内容，喜欢用小猪"吃得饱饱""睡觉""扇耳朵""摇尾巴"等动作进行表演。
2. 积极大胆参与表演，体验表演的乐趣。

玩法：

根据歌词内容，师幼进行表演，体验表演的乐趣。

四　聪明时间：分豆子

准备：

碗（2个）、托盘每人一份，
红豆、绿豆若干。

目的：

1. 能辨别红豆和绿豆，会按
颜色分类。

2. 提高左右手动作的灵活性、协调性。

玩法：

左手、右手的食指和拇指分别捏不同颜色的豆子，双手同时平移把豆
子分别放到相应颜色的碗里。

五　探险时间：玩转呼啦圈

准备：

呼啦圈每人一个，拱形门、呼啦圈、沙包若干。

目的：

1. 对玩圈感兴趣，尝试用多种方法玩圈。

2. 练习钻、爬、跳等基本技能。

3. 体验合作玩圈的乐趣。

玩法：

1. 幼儿和家长排好队，手握呼啦圈一起开火车，开过多种障碍物。
2. 所有呼啦圈平放于地上，幼儿双脚跳呼啦圈。
3. 呼啦圈平放、竖立间隔放好，进行钻跳游戏。
4. 用身体玩套圈游戏等。

活动指导：

在游戏过程中要保持好距离，以免碰撞。

（六）结束部分：《再见歌》

准备：

音乐《再见歌》

目的：

知道离开时要说再见，能用挥手、拥抱等动作与好朋友告别。

附：再见歌

1=E 2/4　　　　　　　　　　　　　　淄博市青少年宫金乔幼儿园

5 3　4 2 | 3 - | 5 3　4 2 | 3 - |
我们 挥挥 手，　小朋 友再 见，

5 3 4 2 | 5 3 4 2 | 5 4　3 2 | 1 1　1 ||
握握 手，　抱一 抱，　我们 一 起 说再 见。

活 动 延 伸

为宝宝提供绿豆、黄豆、红豆等各种颜色的豆子，引导宝宝按颜色进行分类。提高宝宝左右手动作的灵活性、协调性。注意宝宝在玩豆子时要有家人照管，避免发生危险。

一　蒙氏走线

准备：

钢琴曲《月光》

目的：

发展自我控制、协调能力，提高专注力。

玩法：

走线时，伴随着舒缓的音乐，幼儿双手叉腰，让脚跟"亲上"脚尖，在线上缓慢行走。

二　点名游戏：找朋友

准备：

一个皮球

目的:

1. 在游戏中引导幼儿进行自我介绍,增强幼儿的语言表达能力。
2. 体验相互间的友好情感。

玩法:

老师边说儿歌边将球滚向一名幼儿:"大皮球,找朋友,咕噜咕噜找到了你。"球滚到谁的身边,谁就起身做自我介绍,介绍结束,游戏继续,直到每位幼儿都自我介绍完成。

三 亲子律动:《身体音阶歌》

准备:

音乐《身体音阶歌》

目的:

1. 能根据歌词内容,找到身体不同部位。
2. 乐意参与音乐活动,体验活动的乐趣。

玩法:

摸摸你的小脚,1111;(摸小脚)
摸摸你的膝盖,2222;(摸膝盖)
拍拍你的双腿,3333;(拍腿)
叉叉你的小腰,4444;(叉腰)
拍拍你的双手,5555;(拍拍手)
拍拍你的肩膀,6666;(拍肩膀)
摸摸你的脑袋,7777;(摸脑袋)

高举你的双手，ⅰⅰⅰⅰ；（双手上举）

1234567ⅰ；（听节奏从小脚依次摸过膝盖、双腿、腰、肩膀、头部到高举双手。）

ⅰ7654321；（听节奏从高举双手依次摸过头部、肩膀、腰、双腿、膝盖到小脚。）

1；（摸小脚）

ⅰ。（双手上举）

四 聪明时间：海绵移水

准备：

每人1块海绵，每人2个碗（其中1个碗里有适量水）。

目的：

1. 初步了解海绵移水的方法，愿意动手操作。

2. 增强双手的协调性和手部肌肉的控制能力。

玩法：

将托盘内的碗（2个）、海绵轻轻放于工作毯上。双手将海绵放入盛有水的碗中，等待海绵吸水。双手握住海绵，平行移动到另一个碗的上方将水挤出，动作要慢且准确，以便幼儿能清晰地学习每个步骤。当碗中的水全部被移走后，教师展示空碗，再重复此练习。如果水滴落到托盘上，应引导幼儿用手握住海绵把水滴吸干，待活动结束时，将海绵和碗放回托盘原位置。

五　探险时间：玩转报纸

准备：

报纸，音乐《She》，纸篓。

目的：

感受乐曲欢快、活泼的情绪，体验与同伴一起玩报纸游戏的快乐。

玩法：

1. 一手拿报纸，另一手随音乐有节奏地弹击报纸。
2. 双手握住报纸两侧做合拢、打开的动作，使其报纸发出声音。
3. 随音乐将报纸揉成团，用纸团拍打身体的各部位。
4. 听音乐有节奏抛接纸团。
5. 根据音乐长短有节奏撕报纸，把报纸撕成长条再撕成碎片状。
6. 老师、幼儿一起把撕碎的报纸飞扬上天，玩"雪花飘"的游戏。

六　结束部分：《再见歌》

准备：

音乐《再见歌》

目的：

知道离开时要说再见，能用挥手、拥抱等动作与好朋友告别。

附：再见歌

1=E 2/4   淄博市青少年宫金乔幼儿园

<u>5 3</u> <u>4 2</u> | 3 - | <u>5 3</u> <u>4 2</u> | 3 - |

我们 挥挥 手，   小朋 友再 见，

<u>5 3</u> <u>4 2</u> |<u>5 3</u><u>4 2</u> | <u>5 4</u> <u>3 2</u> | <u>1 1</u> 1 ||

握握手， 抱一抱， 我们 一起 说再 见。

活 动 延 伸

  宝贝们都喜欢玩水，在家中也可以为宝贝准备多种吸水材料，和宝贝一起练习移水的活动，增强双手的协调性和手部肌肉的控制能力。

一 蒙氏走线

准备:

钢琴曲《月光》

目的:

发展自我控制、协调能力,提高专注力。

玩法:

走线时,伴随着舒缓的音乐,幼儿双手叉腰,让脚跟"亲上"脚尖,在线上缓慢行走。

二 点名游戏:明明和朵朵

目的:

1.鼓励幼儿开口说话,愿意敲小鼓介绍自己。

2.体验相互间的友好情感。

活动流程：

1.介绍男孩明明、女孩朵朵:（出示男孩图片）hello,大家好！我叫明明，今年三岁了，我是一个帅气的小男孩。（播放男孩录音）

（出示女孩图片）hello,大家好！我叫朵朵，今年三岁了，我是一个漂亮的小女孩。（播放女孩录音）

2.幼儿依次自我介绍。

三　儿歌：男孩女孩

目的：

学说儿歌，初步了解男孩女孩的明显特征。

玩法：

幼儿观察同伴的衣服、发型，说出女孩穿裙子、梳着小辫子，男孩穿短裤的明显特征，并与家长一起表演男孩女孩。

附：儿歌

我是女孩子，梳着小辫子，穿着小裙子。
我是男孩子，带着小帽子，穿着短裤子。

四 聪明时间：男孩女孩

准备：

PPT，每人一份男孩、女孩的底图，每人一套男孩、女孩的图片（帽子、衬衣、短裤、鞋子、头发、裙子）。

目的：

1.区分男孩、女孩的性别特征，知道自己是男孩或女孩。

2.培养幼儿的性别意识。

活动流程：

1.幼儿观察：出示PPT，教师引导幼儿观察男孩、女孩，说出男孩、女孩的主要特征。

2.幼儿操作：出示底图，找到男孩、女孩的服饰及主要特征的图片，贴到相应男孩、女孩的底图上。

五 探险时间：小兔采蘑菇

准备：

音乐《数星星》，蘑菇、呼啦圈若干，每人一个小白兔头饰。

目的：

1. 双脚向前行进跳，发展弹跳能力及协调能力。
2. 体验和同伴一起游戏的快乐。

玩法：

男孩、女孩分成两组比赛采蘑菇，两组小白兔跳过小河（呼啦圈），走过独木桥采摘一个蘑菇（家长可辅助），跑回起点，下一只小白兔继续游戏。游戏结束时，教师与幼儿一起做放松运动。

六 结束部分：《再见歌》

准备：

音乐《再见歌》

目的：

知道离开时要说再见，能用挥手、拥抱等动作与好朋友告别。

附：再见歌

1=E 2/4 　　　　　　　　　　　　淄博市青少年宫金乔幼儿园

5 3　 4 2 | 3 - | 5 3　 4 2 | 3 - |
我们　挥挥　手，　　小朋　友再　见，

5 3　 4 2 | 5 3 4 2 | 5 4　 3 2 | 1 1　 1 ||
握握　手，　抱一　抱，　我们　一起　说再　见。

　　生活中让宝宝尝试通过胡子、头发、裙子等对比明显的特征分辨男、女，巩固幼儿对男、女的认识。

一　蒙氏走线

准备:

钢琴曲《月光》

目的:

发展自我控制、协调能力，提高专注力。

玩法:

走线时，伴随着舒缓的音乐，幼儿双手叉腰，让脚跟"亲上"脚尖，在线上缓慢行走。

二　点名游戏：找朋友

准备:

一个皮球

目的：

1. 在游戏中引导幼儿进行自我介绍，增强幼儿的语言表达能力。
2. 体验相互间的友好情感。

玩法：

老师边说儿歌边将球滚向一名幼儿："大皮球，找朋友，咕噜咕噜找到了你。"球滚到谁的身边，谁就起身做自我介绍，介绍结束，游戏继续，直到每位幼儿都自我介绍完成。

三 语言故事：《小乌龟晒太阳》

准备：

小乌龟毛绒玩具一个，《小乌龟晒太阳》故事

目的：

1. 模仿小乌龟晒太阳的情境，理解故事内容。
2. 愿意重复听故事，体验晒太阳后暖洋洋的乐趣。

玩法：

教师边讲故事边用玩具小乌龟做故事表演，幼儿倾听故事一遍。教师再次讲述故事，幼儿用动作表现故事里小乌龟晒背、晒屁股、晒肚皮、小乌龟翻跟头翻身的故事情节，家长与幼儿一起表演故事。

附：故事

小乌龟晒太阳

早晨，太阳出来了，小乌龟爬呀爬，爬到外面晒太阳。拱起背来晒一晒，

背上暖洋洋。撅起屁股晒一晒，屁股暖洋洋。翻个跟头晒一晒，肚皮暖洋洋。太阳要下山，小乌龟要回家。哎呀哎呀不好了，翻不过来怎么办？别着急，想办法。一、二、三！翻跟头！小乌龟高高兴兴回家啦！

四 聪明时间：圆圆的小蝌蚪

准备：

画有荷叶的作业纸每人一张，水粉颜料、彩笔、调色盘若干，抹布。

目的：

1. 幼儿用手指点画和添画的方式，大胆地表现可爱的小蝌蚪。

2. 对手指点画感兴趣，并大胆地作画。

玩法：

幼儿用双手的食指同时轻轻蘸颜料，在纸上印小蝌蚪身体，再用彩笔添画小蝌蚪的尾巴。提醒幼儿不要把颜料弄在身上，家长帮助幼儿用抹布将手擦干净。

五 探险时间：

1. 找妈妈

准备：

彩虹伞，音乐。

目的：

听音乐按节奏行动，锻炼幼儿的快速反应能力。

玩法：

教师与家长蹲下一起抖伞，幼儿在彩虹伞上踩伞泡。当音乐响起时，幼儿按节奏舞蹈，音乐停止幼儿迅速跑回家长的怀里。(家长在抖伞时注意动作不要太大。)

2. 认识颜色

准备：

彩虹伞。

目的：

认识红、绿、蓝、黄四种颜色，能够细心观察身边事物，感受色彩的美丽，体验游戏的快乐。

玩法：

教师与家长蹲下一起抖伞，幼儿在彩虹伞上踩伞泡。当教师说："小兔小兔蹦蹦跳，跳到红色的萝卜地。"幼儿做小兔跳的动作，跳到红色的格子里。当教师说："青蛙青蛙蹦蹦跳，跳到绿色的池塘里。"幼儿做青蛙跳的动作，跳到绿色的格子里。当教师说："小蜜蜂飞呀飞，飞到黄色的花朵上。"幼儿飞到黄色的格子里。当教师说："小朋友蹦蹦蹦，蹦到蓝色的花园里。"幼儿蹦到蓝色的格子里。家长在抖伞时注意动作不要太大，让幼儿感受色彩的变化。

（六）结束部分：《再见歌》

准备：

音乐《再见歌》

目的：

知道离开时要说再见，能用挥手、拥抱等动作与好朋友告别。

附：再见歌

1=E 2/4   淄博市青少年宫金乔幼儿园

5 3　4 2｜3 -｜5 3　4 2｜3 -｜
我们　挥挥　手，　小朋　友再　见，

5 3　4 2｜5 3 4 2｜5 4　3 2｜1 1　1‖
握握手，　抱一抱，　我们　一起　说再见。

活 动 延 伸

手指点画活动很适合家长和宝宝在家中进行亲子互动，除了用手指点画外，家长也可以选择手掌、手臂、手腕等进行拓印并进行添画。

第二十七周

一　蒙氏走线

准备:

钢琴曲《月光》

目的:

发展自我控制、协调能力,提高专注力。

玩法:

走线时,伴随着舒缓的音乐,幼儿双手叉腰,让脚跟"亲上"脚尖,在线上缓慢行走。

二　点名游戏:找朋友

准备:

一个皮球

目的：

1. 在游戏中引导幼儿进行自我介绍，增强幼儿的语言表达能力。
2. 体验相互间的友好情感。

玩法：

老师边说儿歌边将球滚向一名幼儿："大皮球，找朋友，咕噜咕噜找到了你。"球滚到谁的身边，谁就起身做自我介绍，介绍结束，游戏继续，直到每位幼儿都自我介绍完成。

三　手指游戏：《五根手指头》

目的：

锻炼幼儿手指的灵活性，提高幼儿的听辨及反应能力。

玩法：

一根手指头，一根手指头，（左手伸出食指，右手伸出食指。）

变呀变呀变成毛毛虫，爬呀爬，爬呀爬；（双手握拳双臂弯曲在胸前滚动，再双手食指弯曲。）

两根手指头，两根手指头，（左手伸出食指、中指，右手伸出食指、中指。）

变呀变呀变成小剪刀，剪呀剪，剪呀剪；（双手握拳、双臂弯曲在胸前滚动，再双手做剪的动作。）

三根手指头，三根手指头，（左手伸出食指、中指、无名指，右手伸出食指、中指、无名指。）

变呀变呀变成小花猫，喵喵喵，喵喵喵；（双手握拳、双臂弯曲在胸前滚动，再三指在脸两侧做小花猫的胡须。）

四根手指头，四根手指头，（左手伸出食指、中指、无名指、小指，右手伸出食指、中指、无名指、小指。）

变呀变呀变成小螃蟹，爬呀爬，爬呀爬；（双手握拳、双臂弯曲在胸前滚动，再双手靠近做小螃蟹横爬的动作。）

五根手指头，五根手指头，（左手伸出五指，右手伸出五指。）

变呀变呀变成大老虎，啊呜。（双手握拳、双臂弯曲在胸前滚动，再双手做老虎的爪子的动作。）

四　聪明时间：彩色葡萄

准备：

葡萄叶子底图、胶棒每人一份，各色皱纹纸若干。

目的：

学会捏、团的技能，发展幼儿手部小肌肉动作，体验美术创作的乐趣。

玩法：

先将皱纹纸捏一捏，放在手心团成一粒一粒的"葡萄"，再在"葡萄"上抹上胶棒，将"葡萄"贴在葡萄叶子的下边。

五　探险时间：小老鼠偷面包

准备：

3—4个拱门、沙包若干、篮子每人一个、猫的头饰一个、每人一根尾巴

学会钻的技能，能动作协调地钻过山洞，体验小老鼠"偷"到面包的快乐。

🎎 **玩法：**

沙包当作"面包"散放在地上，"花猫"在面包坊旁边睡觉，"小老鼠"静悄悄地钻过山洞偷面包，偷回来的面包放到篮子里，"小老鼠"再回去"偷"面包，"花猫"睡醒之后，"小老鼠"快速跑回家。

〈六〉 结束部分：《再见歌》

🎎 **准备：**

音乐《再见歌》

🎎 **目的：**

知道离开时要说再见，能用挥手、拥抱等动作与好朋友告别。

附：再见歌

1=E 2/4   淄博市青少年宫金乔幼儿园

```
5  3   4 2  | 3  - | 5  3   4 2  | 3  - |
我们  挥挥  手，     小朋  友再   见，

5  3  4 2  | 5 3 4 2 | 5 4   3 2 | 1  1  1 ||
握握  手，   抱一抱，  我们   一起  说再  见。
```

　　可以利用家里的其他物品和宝宝玩钻、跑的游戏，引导宝宝找到快速钻、跑的方法，训练宝宝的动作协调能力。注意玩此游戏时一定要有家长照看，避免出现危险。

一 蒙氏走线

准备：

钢琴曲《月光》

目的：

发展自我控制、协调能力，提高专注力。

玩法：

走线时，伴随着舒缓的音乐，幼儿双手叉腰，让脚跟"亲上"脚尖，在线上缓慢行走。

二 点名游戏：找朋友

准备：

一个皮球

目的：

1. 在游戏中引导幼儿进行自我介绍，增强幼儿的语言表达能力。
2. 体验相互间的友好情感。

玩法：

老师边说儿歌边将球滚向一名幼儿："大皮球，找朋友，咕噜咕噜找到了你。"球滚到谁的身边，谁就起身做自我介绍，介绍结束，游戏继续，直到每位幼儿都自我介绍完成。

三 聪明时间：绘本《蹦》

准备：

《蹦》课件、多种会蹦的小动物头饰。

目的：

1. 愿意模仿多种小动物"蹦"。
2. 培养良好的阅读习惯。

活动流程：

1. 导入绘本《蹦》

（1）教师与幼儿通过 PPT，一起阅读绘本，并模仿绘本中各种小动物"蹦"。

（2）在阅读绘本过程中，知道蜗牛"蹦不了"，通过模仿蜗牛爬行的动作，理解词语："蹦不了"。

2. 游戏：《请你像我这样蹦》

幼儿选择自己喜欢的小动物头饰，一起做游戏"请你像我这样蹦"。

四　亲子律动：《跳跳跳》

准备：

音乐《跳跳跳》

目的：

1. 模仿小青蛙跳跃的动作，增强身体协调性。
2. 感受随音乐做动作的乐趣。

玩法：

听音乐，学小青蛙在荷叶上跳来跳去，增强身体协调性。

五　探险时间：袋鼠跳

准备：

海洋球每人 10 个，篮子、布袋、呼啦圈每人一个。

目的：

1. 会双脚向前跳跃，提高幼儿的腿部肌肉力量。
2. 乐于参与游戏活动，体验亲子游戏的乐趣。

玩法：

幼儿学袋鼠向前跳，直到跳进圈内，每个圈内有 10 个海洋球，幼儿将圈内的海洋球抛进家长的篮子里（家长站在对面终点线处），海洋球抛完后幼儿返回起点，老师清点每组家庭得球数，得球最多者为胜。游戏可反复进行。

六　结束部分：《再见歌》

准备：

音乐《再见歌》

目的：

知道离开时要说再见，能用挥手、拥抱等动作与好朋友告别。

附：再见歌

1=E 2/4　　　　　　　　　　　　　　　　　淄博市青少年宫金乔幼儿园

```
5  3   4  2 | 3  - | 5  3   4  2 | 3 - |
我们  挥挥   手，      小朋  友再   见，

5  3   4  2 | 5  3  4  2 | 5  4   3  2 | 1  1  1 ||
握握手，   抱一抱，   我们   一起  说再  见。
```

┌───┐
活 动 延 伸

　　家长可以用旧床单做成布袋，和宝宝一起玩跳一跳的游戏。
└───┘

第二十九周

一 蒙氏走线

准备：

钢琴曲《月光》

目的：

发展自我控制、协调能力，提高专注力。

玩法：

走线时，伴随着舒缓的音乐，幼儿双手叉腰，让脚跟"亲上"脚尖，在线上缓慢行走。

二 点名游戏：找朋友

准备：

一个皮球

目的：

1. 在游戏中引导幼儿进行自我介绍，增强幼儿的语言表达能力。
2. 体验相互间的友好情感。

玩法：

老师边说儿歌边将球滚向一名幼儿："大皮球，找朋友，咕噜咕噜找到了你。"球滚到谁的身边，谁就起身做自我介绍，介绍结束，游戏继续，直到每位幼儿都自我介绍完成。

三 手指谣：《黑猫警长》

目的：

能手口一致做动作，体验手指游戏的趣味性。

玩法：

黑猫警长，黑猫警长，（在头两侧，五指分开弯曲。）

喵喵喵；（学猫咪叫。）

开着警车，开着警车，（双手学握方向盘开警车。）

滴滴叫；（双手握拳，拇指学按喇叭。）

小小老鼠，小小老鼠，（学老鼠跳来跳去。）

哪里逃；（原地快跑。）

一枪一个，一枪一个，（双手握拳，前后错开，食指、拇指打开学开枪瞄准。）

消灭掉。（双手握拳，前后错开，食指、拇指打开学开枪瞄准。）

四 聪明时间：拧的工作

准备：

螺丝、螺母。

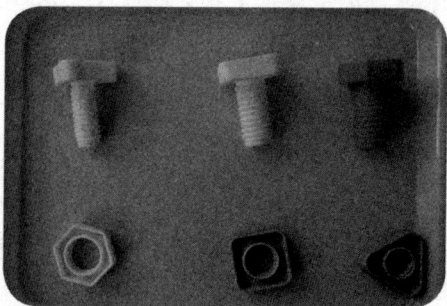

目的：

1. 学会转螺丝钉。
2. 发展手部小肌肉的灵活性及力量。

玩法：

1. 左手握住螺丝钉，右手三个手指握螺丝帽，按顺时针方向转动，右手轻轻转一圈，手指松开还原，转一圈，再松开还原，转到螺丝钉红色记号处。

2. 左手握住螺丝钉，右手按逆时针方向转动，转一圈，手指松开还原，转一圈，手指再松开还原，直到螺丝帽拧下。

五 探险时间：爆米花

准备：

彩虹伞一顶，海洋球若干。

目的：

1. 喜欢玩彩虹伞游戏，体验玩爆米花的乐趣。
2. 锻炼视觉追踪及手眼协调能力。

玩法：

1. 和幼儿一起拉起彩虹伞，按顺时针方向玩"拉个圆圈走走（跑跑、跳跳）"的游戏。

2. 彩虹伞当锅，海洋球当爆米花，念到"大家都来爆米花喽！"大家一起抖动彩虹伞，直至"爆米花"都爆出"锅"外。请幼儿去捡爆米花，游戏重新开始。

附：儿歌

爆米花

爆米花，爆米花，逗得娃娃笑哈哈；

一颗玉米一朵花，噼噼啪，噼噼啪；

一朵一朵到我家，大家都来爆米花喽！

六　结束部分：《再见歌》

准备：

音乐《再见歌》

目的：

知道离开时要说再见，能用挥手、拥抱等动作与好朋友告别。

附：再见歌

1=E 2/4   淄博市青少年宫金乔幼儿园

5 3 4 2 | 3 - | 5 3 4 2 | 3 - |
我们 挥挥 手,   小朋 友再 见,

5 3 4 2 | 5 3 4 2 | 5 4 3 2 | 1 1 1 ||
握握手,   抱一抱,   我们 一起 说再 见。

◆ 活 · 动 · 延 · 伸 ◆

　　家长根据宝宝掌握"拧"的技能情况,提供大小、质地不同的材料练习拧的动作,提高宝宝小手肌肉的灵活性。

一 蒙氏走线

准备：

钢琴曲《月光》

目的：

发展自我控制、协调能力，提高专注力。

玩法：

走线时，伴随着舒缓的音乐，幼儿双手叉腰，让脚跟"亲上"脚尖，在线上缓慢行走。

二 点名游戏：找朋友

准备：

一个皮球

目的：

1. 在游戏中引导幼儿进行自我介绍，增强幼儿的语言表达能力。
2. 体验相互间的友好情感。

玩法：

老师边说儿歌边将球滚向一名幼儿："大皮球，找朋友，咕噜咕噜找到了你。"球滚到谁的身边，谁就起身做自我介绍，介绍结束，游戏继续，直到每位幼儿都自我介绍完成。

三 亲子音乐：《大雨、小雨》

目的：

1. 认识乐器手铃和沙锤。
2. 愿意听音乐进行表演，体验乐器表演的乐趣。

准备：

手铃、沙锤人手一套、图片（大雨、小雨）。

活动流程：

1. 完整欣赏歌曲，说一说歌曲中听到了什么声音？
2. 出示图片观察大雨、小雨的不同。引导幼儿用身体动作表现大雨、小雨。
3. 认识乐器手铃、沙锤，尝试用乐器表现大雨、小雨。
4. 幼儿用乐器表演歌曲。

四　聪明时间：装饰小伞

准备：

画好小伞的底图、胶棒、彩条人手各一份

目的：

能撕、贴大小不同的雨滴装饰小伞，增强幼儿手部小肌肉群的发展。

玩法：

左手食指、拇指捏住彩条，另一手撕下大小不同的"雨滴"粘贴到伞上，幼儿发挥想象装饰小伞。

五　探险时间：躲雨

准备：

1. 幼儿有下雨、躲雨的相关经验。
2. 彩虹伞一顶。

目的：

乐于参与彩虹伞游戏，能在下大雨时快速躲到伞下。

玩法：

老师和幼儿听音乐在彩虹伞外游戏，当说到"下雨了"的时候，要快快跑到伞下躲雨。幼儿从伞下出来，游戏反复进行。

六　结束部分：《再见歌》

准备：

音乐《再见歌》

目的：

知道离开时要说再见，能用挥手、拥抱等动作与好朋友告别。

附：再见歌

1=E 2/4　　　　　　　　　　　　淄博市青少年宫金乔幼儿园

5 3　4 2｜3 -｜5 3　4 2｜3 -｜
我们　挥挥　手，　　小朋　友再　见，

5 3　4 2｜5 3 4 2｜5 4　3 2｜1 1　1‖
握握　手，　抱一抱，　我们　一起　说再见。

活　动　延　伸

为宝宝提供不同质地的纸张，如：打印纸、彩棉纸、瓦楞纸等，进一步练习撕、贴的技能，促进宝宝小手肌肉的发展。

一 蒙氏走线

准备:

钢琴曲《月光》

目的:

发展自我控制、协调能力，提高专注力。

玩法:

走线时，伴随着舒缓的音乐，幼儿双手叉腰，让脚跟"亲上"脚尖，在线上缓慢行走。

二 点名游戏：找朋友

准备:

一个皮球

目的：

1. 在游戏中引导幼儿进行自我介绍，增强幼儿的语言表达能力。
2. 体验相互间的友好情感。

玩法：

老师边说儿歌边将球滚向一名幼儿："大皮球，找朋友，咕噜咕噜找到了你。"球滚到谁的身边，谁就起身做自我介绍，介绍结束，游戏继续，直到每位幼儿都自我介绍完成。

三　奥尔夫音乐：《小小碰钟》

准备：

音乐《小小碰钟》、碰钟

目的：

1. 认识乐器——碰钟
2. 乐意用碰钟进行演奏、体验演奏的乐趣。

活动流程：

1. 欣赏音乐《小小碰钟》。
2. 认识乐器——碰钟。
3. 学习使用碰钟，并用碰钟进行演奏。

四　聪明时间：串项链

准备：

穿线若干，串珠若干，托盘每人一个。

目的：

1.学习正确的拿、捏、穿、拉的动作。

2.能自己创意串项链，表达出对妈妈的爱。

活动流程：

1.幼儿自由选择串珠、穿线的颜色。

2.将提前做好的项链展示给幼儿看，引起幼儿创意串项链的兴趣。

3.老师示范串项链。

4.幼儿自由创意串项链，教师巡回指导。

5.把串好的项链送给妈妈，表达对妈妈的爱。

五　探险时间：运西瓜

准备：

西瓜球，每组家庭一个。

目的：

感受家长大手的力量，体验亲子游戏的快乐。

玩法：

幼儿仰卧在地面上，两腿朝上，家长将西瓜球放在幼儿的肚子上，请幼儿用手扶稳"西瓜"，家长抓住幼儿双腿（小腿），一边拉一边说："爸爸拖宝宝，宝宝运西瓜，我们一起运西瓜喽——西瓜运到哪里啊？"幼儿说出一个地方，家长就将幼儿运到哪里，再次开始游戏。

六 结束部分：《再见歌》

准备：

音乐《再见歌》

目的：

知道离开时要说再见，能用挥手、拥抱等动作与好朋友告别。

附：再见歌

1=E 2/4   淄博市青少年宫金乔幼儿园

```
5  3    4 2 | 3  -  | 5  3    4  2 | 3 - |
我们   挥挥   手，     小朋    友再   见，
5  3  4 2 | 5 3 4 2 | 5  4    3  2 | 1  1  1 ||
握握  手，   抱一抱，  我们    一起   说再  见。
```

活动延伸

在家中可以和宝宝利用豆子、花生、矿泉水瓶等材料制作小乐器，听音乐进行表演，体验乐器表演带来的乐趣。

第三十二周

一 蒙氏走线

准备：

钢琴曲《月光》

目的：

发展自我控制、协调能力，提高专注力。

玩法：

走线时，伴随着舒缓的音乐，幼儿双手叉腰，让脚跟"亲上"脚尖，在线上缓慢行走。

二 点名游戏：找朋友

准备：

一个皮球

1. 在游戏中引导幼儿进行自我介绍，增强幼儿的语言表达能力。
2. 体验相互间的友好情感。

玩法：

老师边说儿歌边将球滚向一名幼儿："大皮球，找朋友，咕噜咕噜找到了你。"球滚到谁的身边，谁就起身做自我介绍，介绍结束，游戏继续，直到每位幼儿都自我介绍完成。

三 亲子律动：《小跳蚤》

准备：

音乐《小跳蚤》

目的：

1. 在游戏中巩固身体各部位的名称。
2. 感受音阶的上行和下行，体验听音乐玩游戏的乐趣。

玩法：

根据歌曲内容提示，学"小跳蚤"在身体上爬行的路线，爬到小脚丫、膝盖、腰、肩膀和头顶上等。

四　聪明时间：剪豆角

准备：

每人剪刀一把，每人2—3根豆角。

目的：

1. 简单了解豆角的用途。
2. 尝试用剪刀将豆角剪成小段。
3. 愿意参与剪豆角活动。

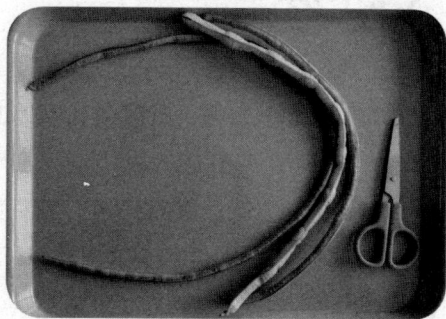

活动流程：

1. 教师出示豆角，引出活动。
2. 教师示范剪的方法。
（1）左手拿豆角，右手拿剪刀，（大拇指伸出来放进剪刀的洞洞里，食指、中指放进剪刀的另一个洞洞里。）将豆角剪成小段，放在盘子里。
（2）提醒幼儿安全使用剪刀：如剪刀的头不要对着人，拿着剪刀不要奔跑，剪刀用完后要用剪刀套套起来。
3. 幼儿操作，教师巡回指导。

五　探险时间：快乐小小鸡

准备：

鸡妈妈头饰一个，小鸡头饰一个，场地上画好小鸡的家。

目的：

练习向指定地点跑，游戏活动时不要拥挤、不要碰撞，学会保护自己。

 玩法：

"鸡妈妈"带着"小鸡"到草地上吃小虫，"小鸡"边说儿歌边做吃米的动作："小小鸡，叽叽叽，爱吃虫儿爱吃米。"当"鸡妈妈"说道："老鹰来了"，"小鸡"立刻跑回家。还可将"老鹰"换成"狼""狐狸"等角色反复玩游戏。游戏结束时"鸡妈妈"依次抱抱、亲亲鸡宝宝。（游戏中奔跑时提醒"小鸡"不要拥挤、不要碰撞。）

六 结束部分：《再见歌》

 准备：

音乐《再见歌》

 目的：

知道离开时要说再见，能用挥手、拥抱等动作与好朋友告别。

附：再见歌

1=E 2/4   淄博市青少年宫金乔幼儿园

5 3　4 2 | 3 - | 5 3　4 2 | 3 - |
我们　挥挥　手，　　小朋　友再　见，

5 3 4 2 | 5 3 4 2 | 5 4　3 2 | 1 1　1 ||
握握手，　抱一抱，　我们　一起　说再见。

在家可以继续锻炼宝宝"剪"的技能，如：剪报纸、海报等不同质地的纸张，锻炼幼儿手部小肌肉群的发展。活动时提醒宝宝注意安全。

第三十三周

一 蒙氏走线

准备：

钢琴曲《月光》

目的：

发展自我控制、协调能力，提高专注力。

玩法：

走线时，伴随着舒缓的音乐，幼儿双手叉腰，让脚跟"亲上"脚尖，在线上缓慢行走。

二 点名游戏：找朋友

准备：

一个皮球

目的:

1. 在游戏中引导幼儿进行自我介绍,增强幼儿的语言表达能力。
2. 体验相互间的友好情感。

玩法:

老师边说儿歌边将球滚向一名幼儿:"大皮球,找朋友,咕噜咕噜找到了你。"球滚到谁的身边,谁就起身做自我介绍,介绍结束,游戏继续,直到每位幼儿都自我介绍完成。

三 手指谣:《圆圆小熊》

目的:

1. 能根据儿歌内容做动作。
2. 乐意参与游戏,体验手指游戏的乐趣。

玩法:

小熊小熊圆圆脸,(食指在手心画圆。)
一步一步上山坡;(食指、中指,从手部往肩部一步一步往上走。)
叽里咕噜滚下来,(从肩部往下做滚状。)
滚进一个山洞里。(手指在胳肢窝处挠一挠。)

四 聪明时间:绘本《一步一步,走啊走》

准备:

PPT

目的：

1. 了解鸭子、兔子等小动物走路的特点。
2. 乐意参加说说、演演等活动，体验故事表演的乐趣。

活动流程：

1. 教师出示 PPT，幼儿通过看动作、听声音、找影子等方式找出各种小动物。
2. 了解小动物走路特点，模仿各种小动物走路。
3. 创设情境，师幼共同表演故事内容，体验表演的乐趣。

五 亲子音乐游戏：《走路》

准备：

音乐《走路》

目的：

1. 感受歌曲《走路》旋律，乐意模仿小动物走路的动作。
2. 在唱唱玩玩中体验音乐活动的乐趣。

玩法：

根据歌曲旋律模仿小兔、小鸭、小乌龟、小花猫走路。

准备：

音乐《再见歌》

目的：

知道离开时要说再见，能用挥手、拥抱等动作与好朋友告别。

附：再见歌

1=E 2/4   淄博市青少年宫金乔幼儿园

5 3　4 2 | 3 - | 5 3　4 2 | 3 - |
我们　挥挥　手，　　小朋　友再　见，

5 3　4 2 | 5 3 4 2 | 5 4　3 2 | 1 1　1 ||
握握　手，　抱一抱，　我们　一起　说再　见。

活 动 延 伸

引导宝宝模仿各种常见小动物的走路动作和叫声，提高身体动作的协调能力，体验表演的乐趣。

第 三十四 周

一 蒙氏走线

准备：

钢琴曲《月光》

目的：

发展自我控制、协调能力，提高专注力。

玩法：

走线时，伴随着舒缓的音乐，幼儿双手叉腰，让脚跟"亲上"脚尖，在线上缓慢行走。

二 点名游戏：找朋友

准备：

一个皮球

目的：

1. 在游戏中引导幼儿进行自我介绍，增强幼儿的语言表达能力。
2. 体验相互间的友好情感。

 玩法：

老师边说儿歌边将球滚向一名幼儿："大皮球，找朋友，咕噜咕噜找到了你。"球滚到谁的身边，谁就起身做自我介绍，介绍结束，游戏继续，直到每位幼儿都自我介绍完成。

 三 聪明时间：给泡泡穿新衣

 准备：

泡泡器一个，油画棒每人一套，画有泡泡的画纸各一张。

 目的：

练习在泡泡里涂上自己喜欢的颜色，锻炼手部小肌肉的控制能力。

 活动流程：

1. 教师出示泡泡器，和幼儿一起玩追泡泡的游戏。
2. 出示画纸，引导幼儿用自己喜欢的颜色涂色。
（1）教师示范用油画棒涂色。方法：一手扶画纸，一手拿油画棒，给泡泡涂色。
（2）幼儿涂色，教师巡回指导。鼓励幼儿尽量将颜色涂进轮廓里。
3. 幼儿分享自己的作品，并将油画棒收好。

（四） 结束部分：《再见歌》

准备：

音乐《再见歌》

目的：

知道离开时要说再见，能用挥手、拥抱等动作与好朋友告别。

附：再见歌

1=E 2/4　　　　　　　　　　　　　　　　　淄博市青少年宫金乔幼儿园

5 3　　4 2 | 3 － | 5 3　　4 2 | 3 － |
我们　挥挥　手，　　小朋　友再　见，

5 3　4 2 | 5 3 4 2 | 5 4　　3 2 | 1 1　1 ||
握握手，　抱一抱，　我们　一起　说再　见。

活 动 延 伸

在家里可以为宝宝提供各种各样的水果或蔬菜轮廓图，继续巩固涂色的技能。

一 蒙氏走线

准备：

钢琴曲《月光》

目的：

发展自我控制、协调能力，提高专注力。

玩法：

走线时，伴随着舒缓的音乐，幼儿双手叉腰，让脚跟"亲上"脚尖，在线上缓慢行走。

二 点名游戏：找朋友

准备：

一个皮球

目的：

1. 在游戏中引导幼儿进行自我介绍，增强幼儿的语言表达能力。
2. 体验相互间的友好情感。

玩法：

老师边说儿歌边将球滚向一名幼儿："大皮球，找朋友，咕噜咕噜找到了你。"球滚到谁的身边，谁就起身做自我介绍，介绍结束，游戏继续，直到每位幼儿都自我介绍完成。

三 聪明时间：圆圆小乌龟

准备：

1. 在透明的平底鱼缸里饲养小乌龟 1—2 只。
2. 少量切碎的青菜、生肉，2 个夹子。

目的：

1. 知道小乌龟背上有硬壳，头、尾和四肢会伸缩。
2. 喜欢观察小乌龟。

活动流程：

1. 引导观察，看看、说说。
出示小乌龟，教师引导幼儿看看、讲讲，了解小乌龟的典型特点。
2. 指导幼儿学习给小乌龟喂食。
3. 和幼儿一起把小乌龟送到有阳光的窗台。

4.学习儿歌《小乌龟》，进一步巩固小乌龟的典型特点。

小小乌龟，壳儿圆圆，碰碰头儿，头儿不见；碰碰小腿，小腿不见；碰碰尾巴，尾巴不见。小小乌龟，宝宝喜欢。

四　结束部分：《再见歌》

准备：

音乐《再见歌》

目的：

知道离开时要说再见，能用挥手、拥抱等动作与好朋友告别。

附：再见歌

1=E 2/4 　　　　　　　　　　　　　　淄博市青少年宫金乔幼儿园

5 3　4 2 | 3 - | 5 3　4 2 | 3 - |
我们　挥挥　手，　小朋　友再　见，

5 3　4 2 | 5 3 4 2 | 5 4　3 2 | 1 1　1 ||
握握　手，　抱一抱，　我们　一起　说再　见。

活 动 延 伸

在家长帮助下，宝宝可在家里饲养水中的小动物（如：金鱼、乌龟等），了解小动物的生活习性。饲养照顾过程中提醒宝宝注意安全。

第三十六周

一 蒙氏走线

准备：

钢琴曲《月光》

目的：

发展自我控制、协调能力，提高专注力。

玩法：

走线时，伴随着舒缓的音乐，幼儿双手叉腰，让脚跟"亲上"脚尖，在线上缓慢行走。

二 点名游戏：找朋友

准备：

一个皮球

1. 在游戏中引导幼儿进行自我介绍，增强幼儿的语言表达能力。
2. 体验相互间的友好情感。

玩法:

老师边说儿歌边将球滚向一名幼儿："大皮球，找朋友，咕噜咕噜找到了你。"球滚到谁的身边，谁就起身做自我介绍，介绍结束，游戏继续，直到每位幼儿都自我介绍完成。

三 聪明时间：小扇子扇扇

准备:

废旧报纸卷成的纸棒若干，与幼儿人数相同的扇形纸，每组两个颜料盘。

目标:

1. 尝试用纸棒蘸色印花，装饰扇子。
2. 知道扇子扇起来很凉快。

活动流程:

1. 教师讲解示范，激发宝宝的兴趣。

出示空白扇子，演示印花装饰扇子的步骤：先把小纸棒在颜料盘里蘸一蘸，再放在扇子上按一按，然后轻轻拿起来。

"小纸棒蘸颜料，扇子上面跳一跳。"

2.宝宝尝试制作，教师适时指导。

（1）发给宝宝扇形纸，提醒宝宝一根纸棒只能蘸一种颜色。

（2）指导宝宝不要在一个地方重复染印。"花儿花儿手拉手，一前一后跟着走，我们都是好朋友。"

（3）用语言引导宝宝换小纸棒，进行不同颜色的染印。

3.引导宝宝将自己的作品摆放好，晾干后互相欣赏，扇扇小扇子。

四 结束部分：《再见歌》

准备：

音乐《再见歌》

目的：

知道离开时要说再见，能用挥手、拥抱等动作与好朋友告别。

附：再见歌

1=E 2/4　　　　　　　　　　　　　　　　淄博市青少年宫金乔幼儿园

| 5 3 | 4 2 | 3 - | 5 3 | 4 2 | 3 - |
| 我们 | 挥挥 | 手， | 小朋 | 友再 | 见， |

| 5 3 | 4 2 | 5 3 4 2 | 5 4 | 3 2 | 1 1 | 1 ‖ |
| 握握 | 手， | 抱一抱， | 我们 | 一起 | 说再 | 见。 |

活 动 延 伸

宝宝可以在家尝试用废旧牙刷、棉签、油画棒等工具装饰纸扇。

一　蒙氏走线

准备：

钢琴曲《月光》

目的：

发展自我控制、协调能力，提高专注力。

玩法：

走线时，伴随着舒缓的音乐，幼儿双手叉腰，让脚跟"亲上"脚尖，在线上缓慢行走。

二　点名游戏：找朋友

准备：

一个皮球

 **目的:**

1.在游戏中引导幼儿进行自我介绍,增强幼儿的语言表达能力。
2.体验相互间的友好情感。

 **玩法:**

老师边说儿歌边将球滚向一名幼儿:"大皮球,找朋友,咕噜咕噜找到了你。"球滚到谁的身边,谁就起身做自我介绍,介绍结束,游戏继续,直到每位幼儿都自我介绍完成。

三 聪明时间:绘本《小蓝和小黄》

 **准备:**

1.《小蓝和小黄》教学 PPT,玻璃缸 1 个。

2.用蓝色、黄色卡纸撕好"小蓝"和"小黄"的形象。

3.装有清水的矿泉水瓶每人一个。(每个瓶盖内侧分别提前涂上黄色或蓝色的颜料)

 **目的:**

1.愿意看看、听听、讲讲,并能大胆想象和表述。
2.感受蓝、黄两色"拥抱"后的变化,体会和好朋友在一起的快乐。

 **活动流程:**

1.认识好朋友。

教师出示卡纸"小蓝"和"小黄"，引导幼儿和两位好朋友打招呼。

2. 集体阅读，理解故事情节。

（1）小蓝和小黄的家。

看，家里有谁？为什么觉得他是爸爸（妈妈）？

（2）小蓝和小黄的拥抱。

小结：原来他们拥抱在一起变成小绿了，小绿会去哪里呢？

（3）小蓝和小黄回家。

教师小结：

小黄、小蓝很难过，哭呀哭，他们的眼泪流了出来，各自收拢起来就变成了小蓝和小黄。

3. 瓶子变变变。

（1）体验变色的乐趣。

听音乐一起晃动提前准备好的矿泉水，体验矿泉水变色的乐趣。

（2）感受蓝、黄两色"拥抱"后的变化。

请幼儿将变了色的蓝、黄两瓶水同时倒入玻璃缸中观察水的变化。

4. 我的好朋友。

"你有自己的好朋友吗？"是谁？找到好朋友拥抱一下吧！

四　结束部分：《再见歌》

准备：

音乐《再见歌》

目的：

知道离开时要说再见，能用挥手、拥抱等动作与好朋友告别。

附：再见歌

1=E 2/4   淄博市青少年宫金乔幼儿园

5 3   4 2 | 3 - | 5 3   4 2 | 3 - |

我们 挥挥 手,   小朋 友再 见,

5 3 4 2 | 5 3 4 2 | 5 4   3 2 | 1 1   1 ||

握握手,   抱一抱,   我们 一起 说再见。

活 动 延 伸

　　家长可以和宝宝一起选择经典绘本进行阅读,养成好的阅读习惯。

第 三十六 周

一　蒙氏走线

准备：

钢琴曲《月光》

目的：

发展自我控制、协调能力，提高专注力。

玩法：

走线时，伴随着舒缓的音乐，幼儿双手叉腰，让脚跟"亲上"脚尖，在线上缓慢行走。

二　点名游戏：找朋友

准备：

一个皮球

目的:

1. 在游戏中引导幼儿进行自我介绍，增强幼儿的语言表达能力。
2. 体验相互间的友好情感。

玩法:

老师边说儿歌边将球滚向一名幼儿："大皮球，找朋友，咕噜咕噜找到了你。"球滚到谁的身边，谁就起身做自我介绍，介绍结束，游戏继续，直到每位幼儿都自我介绍完成。

三 聪明时间：豆豆住新家

准备:

空地一块，黄豆粒（绿豆、红豆等均可）若干，小勺、小铲子每人一把，水壶每人一个。

目的:

尝试在土里种豆子，知道豆子在土里能发芽。

活动流程:

1. 游戏导入，引发兴趣。
教师拿一粒黄豆藏在手里，和幼儿玩"在哪头"的游戏，激发幼儿兴趣。
"公鸡头，母鸡头，黄豆黄豆在哪头？"
2. 讲解示范，引导幼儿学习种豆。
先给豆豆开个门（教师用食指在土层上戳个洞。)豆豆快快进门吧,（把豆豆从手指缝里漏进洞里。）豆豆进去关上门儿！（盖上土，轻轻地拍平。）

3.指导幼儿种豆子。

请每位幼儿拿一粒豆放在手心，指导幼儿先在土里戳个洞，然后把豆豆从指缝里漏进洞里，最后盖上土，并轻轻拍平。待所有幼儿都把豆子种好后，和幼儿一起用水壶浇水。

四　结束部分：《再见歌》

准备：

音乐《再见歌》

目的：

知道离开时要说再见，能用挥手、拥抱等动作与好朋友告别。

附：再见歌

1=E 2/4　　　　　　　　　　　　　　　　淄博市青少年宫金乔幼儿园

```
5  3   4 2 |  3 - | 5  3   4 2 | 3 - |
我们  挥挥  手，     小朋  友再  见，

5  3   4 2 | 5  3  4 2 | 5 4   3 2 | 1 1  1 ||
握握  手，   抱一 抱，   我们  一起  说再 见。
```

活 动 延 伸

家长和宝宝一起种豆豆，每天给豆豆浇水，观察豆豆发芽、生长的过程，增强照顾豆豆的责任感。

一 蒙氏走线

准备：

钢琴曲《月光》

目的：

发展自我控制、协调能力，提高专注力。

玩法：

走线时，伴随着舒缓的音乐，幼儿双手叉腰，让脚跟"亲上"脚尖，在线上缓慢行走。

二 点名游戏：找朋友

准备：

一个皮球

1. 在游戏中引导幼儿进行自我介绍，增强幼儿的语言表达能力。
2. 体验相互间的友好情感。

玩法：

老师边说儿歌边将球滚向一名幼儿："大皮球，找朋友，咕噜咕噜找到了你。"球滚到谁的身边，谁就起身做自我介绍，介绍结束，游戏继续，直到每位幼儿都自我介绍完成。

三 聪明时间：豆豆发芽了

准备：

每人一张画有许多豆豆的画纸，每人一支绿色油画棒。

目的：

学习添画长、短竖线。

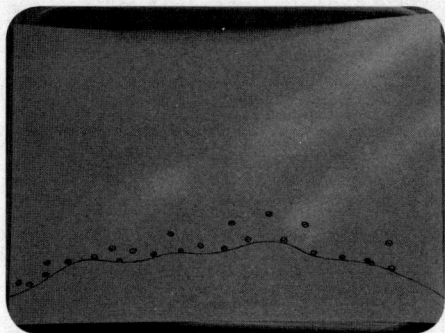

活动流程：

1. 和幼儿户外观察上周种下的豆豆，"好多豆豆发芽了，有的长，有的短。"
2. 请幼儿尝试添画，教师根据情况进行指导。
3. 活动结束后，提醒幼儿把作品粘贴在"豆豆发芽了"的墙面上，并一起看看、讲讲。

准备：

音乐《再见歌》

目的：

知道离开时要说再见，能用挥手、拥抱等动作与好朋友告别。

附：再见歌

1=E 2/4   淄博市青少年宫金乔幼儿园

```
5 3   4 2 | 3 - | 5 3   4 2 | 3 - |
我们  挥挥    手，      小朋  友再  见，
5 3  4 2 | 5 3 4 2 | 5 4   3 2 | 1 1  1 ||
握握手，  抱一抱，  我们   一起  说再  见。
```

活 动 延 伸

在照顾豆豆的过程中，家长和宝宝一起记录豆豆生长的过程，体验照顾豆豆长大的成就感。

一　蒙氏走线

准备：

钢琴曲《月光》

目的：

发展自我控制、协调能力，提高专注力。

玩法：

走线时，伴随着舒缓的音乐，幼儿双手叉腰，让脚跟"亲上"脚尖，在线上缓慢行走。

二　点名游戏：找朋友

准备：

一个皮球

目的：

1. 在游戏中引导幼儿进行自我介绍，增强幼儿的语言表达能力。
2. 体验相互间的友好情感。

玩法：

老师边说儿歌边将球滚向一名幼儿："大皮球，找朋友，咕噜咕噜找到了你。"球滚到谁的身边，谁就起身做自我介绍，介绍结束，游戏继续，直到每位幼儿都自我介绍完成。

三　聪明时间：亲子手工《海底世界》

准备：

海洋生物 PPT，用 KT 板制作的海洋世界背景图一张、太空泥、海绵纸（多个颜色）、皱纹纸、蛋糕盘、卡纸、彩笔、双面胶、剪刀、透明胶等多种材料。

目的：

1. 了解几种常见的海洋生物。
2. 能充分发挥想象，利用多种废旧材料制作各种海洋生物。
3. 体验亲子手工的乐趣，感受热爱海底世界、热爱大自然的情感。

活动流程：

1. 导入活动，引起幼儿兴趣。
2. 欣赏海底生物的图片。
引导幼儿和家长观察海底生物的不同外部特征。

提问：

刚才的画面里都看到了哪些生物？他们长的怎么样？身上有什么样的颜色和花纹？

教师小结：

海底生物非常多，每种生物的身体形状和颜色、花纹都不一样。

3. 进行亲子手工制作。

提醒幼儿及家长将剪下的废纸放进碎纸的小盒中，制作完毕收拾好自己的美工工具和材料。

4. 请幼儿把制作好的海洋生物贴到海底世界背景图中。

5. 分享、评价：请幼儿讲讲哪种生物是和家长一起做的？做的是什么？教师进行评价。

四　颁发奖状、合影留念

教师给幼儿颁发结业证书，并与幼儿合影留念。

活　动　延　伸

生活中家长要多和宝宝进行亲子互动，增加亲子感情交流，陪伴是最好的教育。